Dr. Bringfried Müller

Psychologie Band 1

MEDI-LEARN Skriptenreihe

6., komplett überarbeitete Auflage

MEDI-LEARN Verlag GbR

Autoren: Dr. med. Dipl.-Psych. Bringfried Müller, Dipl.-Psych. Franziska Dietz (1. Auflage)

Teil 1 des Psychologiepaketes, nur im Paket erhältlich
ISBN-13: 978-3-95658-007-9

Herausgeber:
MEDI-LEARN Verlag GbR
Dorfstraße 57, 24107 Ottendorf
Tel. 0431 78025-0, Fax 0431 78025-262
E-Mail redaktion@medi-learn.de
www.medi-learn.de

Verlagsredaktion:
Dr. Marlies Weier, Dipl.-Oek./Medizin (FH) Désirée Weber, Denise Drdacky, Jens Plasger, Sabine Behnsch, Philipp Dahm, Christine Marx, Florian Pyschny, Christian Weier

Layout und Satz:
Fritz Ramcke, Kristina Junghans, Christian Gottschalk

Grafiken:
Dr. Günter Körtner, Irina Kart, Alexander Dospil, Christine Marx

Illustration:
Daniel Lüdeling

Druck:
A.C. Ehlers Medienproduktion GmbH

6. Auflage 2014
© 2014 MEDI-LEARN Verlag GbR, Marburg

Das vorliegende Werk ist in all seinen Teilen urheberrechtlich geschützt. Alle Rechte sind vorbehalten, insbesondere das Recht der Übersetzung, des Vortrags, der Reproduktion, der Vervielfältigung auf fotomechanischen oder anderen Wegen und Speicherung in elektronischen Medien.
Ungeachtet der Sorgfalt, die auf die Erstellung von Texten und Abbildungen verwendet wurde, können weder Verlag noch Autor oder Herausgeber für mögliche Fehler und deren Folgen eine juristische Verantwortung oder irgendeine Haftung übernehmen.

Wichtiger Hinweis für alle Leser
Die Medizin ist als Naturwissenschaft ständigen Veränderungen und Neuerungen unterworfen. Sowohl die Forschung als auch klinische Erfahrungen führen dazu, dass der Wissensstand ständig erweitert wird. Dies gilt insbesondere für medikamentöse Therapie und andere Behandlungen. Alle Dosierungen oder Applikationen in diesem Buch unterliegen diesen Veränderungen.
Obwohl das MEDI-LEARN Team größte Sorgfalt in Bezug auf die Angabe von Dosierungen oder Applikationen hat walten lassen, kann es hierfür keine Gewähr übernehmen. Jeder Leser ist angehalten, durch genaue Lektüre der Beipackzettel oder Rücksprache mit einem Spezialisten zu überprüfen, ob die Dosierung oder die Applikationsdauer oder -menge zutrifft. Jede Dosierung oder Applikation erfolgt auf eigene Gefahr des Benutzers. Sollten Fehler auffallen, bitten wir dringend darum, uns darüber in Kenntnis zu setzen.

1 Methodische Grundlagen

2 Modelle von Gesundheit und Krankheit

Index

Vorwort

Liebe Leserin, lieber Leser,

zu viel Stoff und zu wenig Zeit – diese zwei Faktoren führen stets zu demselben unschönen Ergebnis: Prüfungsstress!

Was soll ich lernen? Wie soll ich lernen? Wie kann ich bis zur Prüfung noch all das verstehen, was ich bisher nicht verstanden habe? Die Antworten auf diese Fragen liegen meist im Dunkeln, die Mission Prüfungsvorbereitung erscheint vielen von vornherein unmöglich. Mit der MEDI-LEARN Skriptenreihe greifen wir dir genau bei diesen Problemen fachlich und lernstrategisch unter die Arme.

Wir helfen dir, die enorme Faktenflut des Prüfungsstoffes zu minimieren und gleichzeitig deine Bestehenschancen zu maximieren. Dazu haben unsere Autoren die bisherigen Examina (vor allem die aktuelleren) sowie mehr als 5000 Prüfungsprotokolle analysiert. Durch den Ausschluss von „exotischen", d. h. nur sehr selten gefragten Themen, und die Identifizierung immer wiederkehrender Inhalte konnte das bestehensrelevante Wissen isoliert werden. Eine didaktisch sinnvolle und nachvollziehbare Präsentation der Prüfungsinhalte sorgt für das notwendige Verständnis.

Grundsätzlich sollte deine Examensvorbereitung systematisch angegangen werden. Hier unsere Empfehlungen für die einzelnen Phasen deines Prüfungscountdowns:

Phase 1: Das Semester vor dem Physikum
Idealerweise solltest du schon jetzt mit der Erarbeitung des Lernstoffs beginnen. So stehen dir für jedes Skript im Durchschnitt drei Tage zur Verfügung. Durch themenweises Kreuzen kannst du das Gelernte fest im Gedächtnis verankern.

Phase 2: Die Zeit zwischen Vorlesungsende und Physikum
Jetzt solltest du täglich ein Skript wiederholen und parallel dazu das entsprechende Fach kreuzen. Unser „30-Tage-Lernplan" hilft dir bei der optimalen Verteilung des Lernpensums auf machbare Portionen. Den Lernplan findest du in Kurzform auf dem Lesezeichen in diesem Skript bzw. du bekommst ihn kostenlos auf unseren Internetseiten oder im Fachbuchhandel.

Phase 3: Die letzten Tage vor der Prüfung
In der heißen Phase der Vorbereitung steht das Kreuzen im Mittelpunkt (jeweils abwechselnd Tag 1 und 2 der aktuellsten Examina). Die Skripte dienen dir jetzt als Nachschlagewerke und – nach dem schriftlichen Prüfungsteil – zur Vorbereitung auf die mündliche Prüfung (siehe „Fürs Mündliche").

Weitere Tipps zur Optimierung deiner persönlichen Prüfungsvorbereitung findest du in dem Band „Lernstrategien, MC-Techniken und Prüfungsrhetorik".

Eine erfolgreiche Prüfungsvorbereitung und viel Glück für das bevorstehende Examen wünscht dir

Dein MEDI-LEARN Team

Mein herzlicher Dank für die hilfreiche Zusammenarbeit gilt meinem Kollegen Dipl.-Psych. Valentin Vrecko!

KOSTENLOSES PROBEKAPITEL

WWW.MEDI-LEARN.DE/SKR-ABENTEUER

AB DEM 5. SEMESTER GEHT ES ERST RICHTIG LOS

ABENTEUER KLINIK!

Inhalt

1	**Methodische Grundlagen**	**1**	1.7.1	Quantitative Auswertungsverfahren.... 29
			1.7.2	Inferenzstatistik und Signifikanzprüfung 31
1.1	Formen von Hypothesen 1			
1.1.1	Falsifikationsprinzip (Karl Popper) 1			
1.1.2	Null- vs. Alternativhypothese 2		**2**	**Biopsychologische Modelle von Gesundheit und Krankheit** **34**
1.1.3	Falsifizierbarkeit 2			
1.1.4	Probabilistische Hypothese 2			
1.1.5	Deterministische Hypothese 2		2.1	Was ist Stress? 34
1.2	Operationalisierung 3		2.1.1	Wodurch wird Stress ausgelöst? 34
1.2.1	Skalenniveaus 3		2.1.2	Physiologische Stressmodelle 34
1.2.2	Selbstbeurteilungsskalen 6		2.1.3	Psychologische Stressmodelle 35
1.3	Entwicklung, Interpretation und Beurteilung eines Testverfahrens 8		2.1.4	Psychophysiologische Stressmodelle.. 36
			2.1.5	Modell der allostatischen Last von McEwen 37
1.3.1	Schritte der Testkonstruktion 8			
1.3.2	Testnormierung 8		2.2	Aktivation 37
1.3.3	Interpretation von Testwerten 8		2.2.1	Yerkes-Dodson-Gesetz 37
1.3.4	Testgütekriterien 10		2.2.2	Elektrodermale Aktivität (EDA) und Elektroenzephalogramm (EEG) 38
1.3.5	Beurteilung der Güte einer diagnostischen Entscheidung 13			
1.3.6	Diagnostische Klassifikationssysteme 14		2.2.3	Orientierungsreaktion, Habituation und Adaptation 39
1.4	Untersuchungsarten 16			
1.4.1	Experiment 16		2.2.4	Zirkadiane Rhythmen 40
1.4.2	Ökologische Studie 18		2.3	Schlaf 43
1.4.3	Längsschnitt- und Querschnittstudie ... 18		2.3.1	Schlafstadien nach Kleitman 43
1.4.4	Kohortenanalyse 19		2.3.2	Schlafentzug 43
1.4.5	Fall-Kontroll-Studie 20		2.3.3	Schlafstörungen 44
1.4.6	Risikoberechnung 20		2.4	Schmerz 44
1.4.7	Untersuchungsfehler 21		2.4.1	Wahrnehmung körpereigener Prozesse 44
1.5	Stichprobenarten 22			
1.5.1	Zufallsstichproben (randomisierte Stichproben) 23		2.4.2	Schmerzkomponenten 44
			2.4.3	Schmerzempfindung und Schmerzempfindlichkeit 45
1.5.2	Quotastichprobe 23			
1.6	Methoden der Datengewinnung 24		2.4.4	Schmerztherapie 45
1.6.1	Datenarten 24		2.5	Sexualität 46
1.6.2	Interview 24		2.5.1	Phasen des sexuellen Reaktionszyklus nach Masters & Johnson 46
1.6.3	Beobachtungsmethoden 25			
1.6.4	Testverfahren 25		2.5.2	Sexuelle Funktionsstörungen 46
1.6.5	Beurteilung und Beurteilungsfehler 26		2.5.3	Sexuelle Abweichungen 46
1.7	Datenauswertung 29			

Wissen, das in keinem Lehrplan steht:

- Wo beantrage ich eine **Gratis-Mitgliedschaft** für den **MEDI-LEARN Club** – inkl. Lernhilfen und Examensservice?

- Wo bestelle ich kostenlos **Famulatur-Länderinfos** und das **MEDI-LEARN Biochemie-Poster?**

- Wann macht eine **Studienfinanzierung** Sinn? Wo gibt es ein **gebührenfreies Girokonto?**

- Warum brauche ich schon während des Studiums eine **Arzt-Haftpflichtversicherung?**

Lassen Sie sich beraten!
Nähere Informationen und unseren Repräsentanten vor Ort finden Sie im Internet unter www.aerzte-finanz.de

Standesgemäße Finanz- und Wirtschaftsberatung

1 Methodische Grundlagen

Fragen in den letzten 10 Examen: 130

Die methodischen Grundlagen mögen für den einen oder anderen zunächst abschreckend und trocken wirken. Aber zum einen ist es ein Gebiet, das sich wegen der großen Fragenzahl und der geringen Variation der Fragen wirklich zu lernen lohnt, zum anderen werden durch entsprechende Anwendungsbeispiele auch die abstrakten Fakten verständlicher gemacht.

Dazu werden wir uns an einer Beispieluntersuchung entlanghangeln. Stell dir vor, du führst eine Studie über neue Therapiemöglichkeiten bei Aufmerksamkeitsstörungen durch.
Um wissenschaftlich belegen zu können, dass ein neues Konzentrationstraining tatsächlich hilft, benötigst du die folgenden methodischen Grundlagen:

1.1 Formen von Hypothesen

Am Anfang jeder wissenschaftlichen Untersuchung steht die Hypothese (Annahme). Wenn Hypothesen aus klinischen Beobachtungen abgeleitet werden, spricht man von **Induktion**, d. h. es wird aufgrund von vielen einzelnen Beobachtungen auf eine Regel geschlossen. Wenn Annahmen aus allgemeinen Regeln für den Einzelfall abgeleitet werden, spricht man von **Deduktion**.

Beispiel Induktion:
Beobachtung: Kinder mit einem Aufmerksamkeits-Defizit-Syndrom (= ADS) nehmen an einem Konzentrationstraining teil und sind danach aufmerksamer. Aufgrund dieser Einzelfälle kommt man zur Annahme, dass dieses Training die Konzentrationsleistung der Kinder verbessert.

Beispiel Deduktion:
Geltende Regeln: Ein Medikament hilft bei Pferden. Pferde sind Säuger. Menschen sind Säuger. Herr Müller ist ein Mensch. Durch Verknüpfung dieser Regeln macht man die Annahme, dass dieses Medikament Herrn Müller hilft.

1.1.1 Falsifikationsprinzip (Karl Popper)

Nachdem solche Annahmen gemacht wurden, sollten sie noch empirisch belegt werden.
Hier stoßen wir jedoch auf ein logisches Problem, denn wir müssten immer von einzelnen Beobachtungen auf allgemeingültige Regeln schließen. Solange sich die Beobachtungen mit meiner Annahme (Hypothese) decken, bewähren sie sich zwar immer wieder, ich habe aber noch keinen Beweis für die Allgemeingültigkeit. Auch wenn ich bisher nur weiße Schwäne gesehen habe, so ist das noch kein Beleg dafür, dass alle Schwäne weiß sind. Daher lassen sich Annahmen durch noch so viele Beobachtungen niemals als allgemeingültig bestätigen (verifizieren).
Annahmen lassen sich aber empirisch widerlegen (falsifizieren). So reicht eine einzige Beobachtung, um zu belegen, dass eine Annahme falsch ist.
Dieser Idee folgend hat Karl Popper das **Prinzip der Falsifikation** formuliert, in dem er sagt, dass wissenschaftlicher Fortschritt nur dadurch entstehen könne, dass man empirisch falsche Aussagen ausschließt.
Wenn man diesem Denkansatz folgt, wird klar, warum es im Rahmen von empirischen Studien immer darum geht, nicht die eigentliche Annahme zu beweisen, sondern das Gegenteil dieser Annahme zu widerlegen.

1 Methodische Grundlagen

Wenn du also glaubst, dass ein Konzentrationstraining bei ADS hilft, so wirst du das nie beweisen können. Du könntest aber widerlegen, dass es nicht hilft.

Du teilst Kinder mit ADS in zwei Gruppen, eine trainierst du, die andere nicht. Wenn sich die Symptome der Kinder mit Training verbessern, so hast du widerlegt, dass es keine Unterschiede gibt und bist damit der Forderung von Karl Popper gerecht geworden.

1.1.2 Null- vs. Alternativhypothese

In der Wissenschaft formuliert man daher immer zwei Hypothesen, die Nullhypothese und die **Alternativhypothese**. Die Alternativhypothese ist das, woran der Forscher glaubt. Da er dies aber nicht direkt beweisen kann, versucht er einfach das Gegenteil zu widerlegen. Dieses Gegenteil ist dann die **Nullhypothese**.

In unserem Beispiel, in dem ich die Wirkung eines Konzentrationstrainings überprüfen möchte, lautet die Alternativhypothese: Trainierte Kinder werden sich von untrainierten Kinder unterscheiden. Die Nullhypothese lautet: Es wird keine (Null) Unterschiede zwischen trainierten und untrainierten Kinder geben.

1.1.3 Falsifizierbarkeit

Damit das Ganze funktioniert, muss ich meine Hypothese allerdings so formulieren, dass sie auch falsifizierbar ist. So wäre die Aussage „Training hilft bei ADS" widerlegt, wenn die untrainierte Gruppe mindestens genauso gut oder gar besser wäre, als die trainierte Gruppe. Mit der Aussage „Training kann bei ADS helfen, muss aber nicht", hätte ich zwar garantiert recht, es wäre aber keine wissenschaftliche Aussage, da sie nicht falsifizierbar ist.
Im Klartext heißt das: Man muss eine Hypothese so formulieren, dass man daraus eine Untersuchung ableiten kann, deren Ergebnis entweder zeigt,

– dass die Vermutung richtig war und es einen Unterschied gibt, dann wird die Alternativhypothese angenommen und die Nullhypothese verworfen;
– dass es keinen Unterschied gibt, dann wird die Nullhypothese beibehalten und die Alternativhypothese verworfen.

> **Merke!**
>
> Eselsbrücke: Nullhypothese besagt, es besteht „null Unterschied" bzw. „null Zusammenhang".

1.1.4 Probabilistische Hypothese

Bei einer probabilistischen Hypothese treffen die Annahmen nur **mit einer bestimmten Wahrscheinlichkeit** zu.

> **Beispiel:**
> Ein Mensch, der frustriert wird, reagiert daraufhin wahrscheinlich (aber nicht zwingend) aggressiv.

> **Merke!**
>
> Alle psychologischen Hypothesen sind probabilistisch.

1.1.5 Deterministische Hypothese

Eine deterministische Hypothese besagt, dass ein Ereignis unter bestimmten Voraussetzungen **auf jeden Fall** eintritt.

> **Beispiel:**
> Ein fallengelassener Stein wird mit Sicherheit auf dem Boden aufschlagen.

1.2 Operationalisierung

Um eine Hypothese überprüfen zu können, muss in einem zweiten Schritt – der Operationalisierung – eine Art Übersetzung der theoretisch formulierten Hypothese in beobachtbare und messbare Größen vorgenommen werden.

Beispiel:
Man möchte zeigen, dass durch ein bestimmtes Training Kinder konzentrierter und aufmerksamer werden. Konzentration ist aber ein latentes Konstrukt. Das heißt, man kann sie nicht direkt beobachten, sondern muss sich eine Übersetzung überlegen. Beispielsweise kann man einen Test verwenden, bei dem man alle d's mit zwei Strichen unter d's und p's mit einem und drei Strichen finden und durchstreichen muss (d2-Konzentrationstest von Brickenkamp). Um alles richtig zu machen, muss man sich konzentrieren. Daher kann man behaupten, dass über die Anzahl an richtig markierten d's die Konzentrationsstärke beobachtbar und messbar geworden ist.

Weitere Beispiele für die Operationalisierung von Variablen sind:
- Intelligenz (wird operationalisiert durch die Anzahl richtiger Antworten im Intelligenztest)
- Aggressivität (wird operationalisiert durch die Anzahl von Seitenhieben, die jemand austeilt)

> **Merke!**
> - Die Operationalisierung ist die Angabe eines Messverfahrens zur Erfassung eines Konstrukts.
> - Messen ist die Zuordnung von empirischen Sachverhalten zu Zahlen, wobei man eine bestimmte Zuordnungsregel anwendet.

Beispiel:
Um die Konzentrationsleistung im gerade beschriebenen Test zu messen, zählt man die richtig markierten d's mit zwei Strichen (= empirischer Sachverhalt) und ordnet die Summe einem Punktwert (z. B. von 1 = sehr unkonzentriert bis 10 = sehr konzentriert) zu.

1.2.1 Skalenniveaus

Messergebnisse können unterschiedlich differenziert dargestellt werden. Entsprechend dem Informationsgehalt einer Messung ordnet man das Ergebnis einem Skalenniveau zu.

Zur Verdeutlichung soll ein 100-Meter-Lauf dienen: Misst man mit einer Stoppuhr die absoluten Zeiten der Läufer, erhält man folgende Informationen:
- Hans brauchte für die 100 m 10,0 Sekunden,
- Fritz 11,0 Sekunden und
- Egon 20,0 Sekunden.

Damit kennt man die absoluten Zeiten der Läufer und kann z. B. sagen, dass Egon doppelt so lange gebraucht hat wie Hans. Mit dieser Messung kann man also auch Verhältnisse angeben. Daher heißt diese Skala **Absolut-**, **Verhältnis-** oder **Rationalskala** (lat. ratio = Verhältnis). Also drei verschiedene Namen für ein und dieselbe Skala.

Hätte man den Start verpasst und daher die Stoppuhr erst starten können, wenn z. B. Hans das Ziel passierte, so wüsste man, dass Fritz das Ziel eine Sekunde und Egon zehn Sekunden später als der auf Hans gesetze Nullpunkt passiert haben. In diesem Fall kennt man also noch die Intervalle, die zwischen den Läufern liegen, nicht aber deren absolute Zeiten. Daher lässt sich auch nicht mehr sagen, ob Egon doppelt so lange gebraucht hat wie Hans, da man ja nicht weiß, wie lange Hans eigentlich gebraucht hat. Diese Skala, bei der nur noch bekannt ist, wie groß die Intervalle oder Differenzen zwischen den Merkmalsausprägungen sind, nennt man **Intervallskala**.

1 Methodische Grundlagen

Steht gar keine Uhr zur Verfügung, kann man lediglich die Reihenfolge erfassen, mit der die Läufer die Ziellinie passieren: Hans ist Erster, Fritz ist Zweiter und Egon ist Dritter. Damit kennt man zwar die Ränge der Läufer und kann sie noch ordnen, die Information, welcher Abstand zwischen den Läufern liegt, ist aber verloren gegangen. Diese Skala nennt man **Rang-** oder **Ordinalskala**.

Hat man die Zielpassage der Läufer verschlafen und stellt nur noch fest, wer das Ziel erreicht hat, so kann man die Läufer auch nicht mehr in eine Ordnung bringen. Man kann nur sagen, dass Hans, Fritz und Egon das Ziel erreicht haben. Es lässt sich also das Merkmal (= Ziel erreicht) nur noch benennen. Damit liegt die Information nur noch auf **Nominalskalenniveau** vor.

Doch damit genug der sportlichen Exkurse und hin zur medizinischen und Physikumsrelevanz:

Nominalskala = Kategorialskala

In der Nominalskala werden qualitativ unterschiedliche Sachverhalte ungeordneten Kategorien zugeordnet.
Typische Beispiele:
- Geschlecht: männlich, weiblich
- Blutgruppe: A, B, AB, 0
- Anamnestische Daten zu bereits durchgemachten Krankheiten (Masern: ja/nein; Röteln: ja/nein)
- Erfassung der Schmerzqualität: „pochend", „stechend" oder „dumpf"

Informationsgehalt: Sachverhalte können gleich oder ungleich sein (=, ≠).

> **Beispiel:**
> Patient A und Patient B haben die gleiche Blutgruppe, Patient C hat eine andere Blutgruppe.

Als statistischer Kennwert wird auf Nominalskalenniveau der Modus (=Modalwert) verwendet. Er beschreibt das häufigste Merkmal, z. B. Blutgruppe A ist die häufigste Blutgruppe in Deutschland.

> **Merke!**
> Qualitativ unterschiedliche Sachverhalte, die man nicht nach ihrer Größe ordnen kann, werden als kategoriale Variablen bezeichnet und immer auf Nominalskalenniveau gemessen.

Ordinalskala

Hierbei erfolgt eine Zuordnung der empirischen Sachverhalte anhand einer Rangreihe (Größe, Schwere, Stärke etc.).
Typische Beispiele:
- Einschätzung des Gesundheitszustands: „schlecht – einigermaßen – gut – hervorragend"
- Schulabschluss: „Hauptschule – Realschule – Abitur"
- Zustimmung zu bestimmter Frage: „stimme überhaupt nicht zu – stimme eher nicht zu – stimme eher zu – stimme sehr zu"

Informationsgehalt: Sachverhalte können kleiner/größer bzw. besser/schlechter sein.

> **Beispiel:**
> Patient A kreuzt an, dass es ihm „einigermaßen" geht. Patient B kreuzt an, dass es ihm „gut" geht. Patient C kreuzt „hervorragend" an. Jetzt ist die Aussage möglich, dass es Patient C besser geht als Patient B und Patient B besser als Patient A. Nicht sagen kann man hingegen, dass der Abstand zwischen dem subjektiven Gesundheitszustand von Patient C zu Patient B genauso groß ist wie der von Patient B zu Patient A. Man weiß also nicht, um wie viel besser es z. B. Patient B als Patient A geht, sondern eben nur die Rangfolge.

> **Merke!**
> Bei Ordinalskalenniveau kannst du die Daten in eine Rangreihe bringen, weißt aber nichts über ihre Abstände zueinander.

1.2.1 Skalenniveaus

Auf Ordinalskalenniveau kann man die Werte sortieren und eine Rangreihe bilden. Der mittlere Wert dieser Reihe, der Median, ist das Maß der zentralen Tendenz auf diesem Skalenniveau. Ein Maß für die Streuung ist die Spannbreite, die Differenz zwischen dem kleinsten und größten Wert dieser Rangreihe. Teilt man diese Rangreihe in vier gleiche Abschnitte, so erhält man Quartile. Der Interquartilabstand ist ein weiteres Maß für die Streuung auf diesem Skalenniveau.

Intervallskala

Die Zuordnung der empirischen Merkmale erfolgt so, dass die Rangreihe und die Abstände (Intervalle) zwischen den Merkmalen in Zahlen abgebildet werden.
Ein Intervallskalenniveau liegt dann vor, wenn gleiche Testwertdifferenzen gleiche Merkmalsdifferenzen widerspiegeln.
Typische Beispiele:
- psychologische Testverfahren (Persönlichkeitstests, Intelligenztests etc.)

Informationsgehalt: Sachverhalte können bezüglich ihres Abstands/Intervalls miteinander verglichen werden.

> **Beispiel:**
> Patient A hat in einem Intelligenztest einen Punktwert von 110 erzielt, Patient B 120 und Patient C 130. Aufgrund der Intervallskalierung des Testverfahrens kann man sagen, dass Patient C im Vergleich zu Patient B „um genau so viel intelligenter ist" wie Patient B im Vergleich zu Patient A, da jeweils eine Differenz von zehn Punkten zwischen ihnen besteht.

Auf Intervallskalenniveau darf man Subtrahieren und Addieren. So ist es erlaubt, die Summe der Merkmalsausprägungen zu bilden. Wenn man diese Summe dann durch die Anzahl der Summanden teilt, so erhält man das arithmetische Mittel als Maß der zentralen Tendenz.

Als Maß für die Streuung wird auf Intervallskalenniveau die Varianz oder die Standardabweichung (Wurzel aus der Varianz) berechnet. Zur Berechnung der Varianz werden die Abstände vom arithmetischen Mittel zunächst quadriert und anschließend gemittelt. Die Standardabweichung ist dann die Wurzel aus der Varianz.

Rationalskala/Verhältnisskala/Absolutskala

Die Zuordnung der empirischen Sachverhalte erfolgt so, dass Rangreihe, Abstände und das jeweilige Größenverhältnis zwischen den Sachverhalten in Zahlen abgebildet werden. Rationalskalenniveau wird nur bei der Messung physikalischer Größen erreicht, die einen natürlichen Nullpunkt haben.
Typische Beispiele:
- Alter
- Gewicht
- Enzymkonzentration
- Anzahl gerauchter Zigaretten pro Tag

Informationsgehalt: Sachverhalte können bezüglich ihres Verhältnisses zueinander verglichen werden.

> **Beispiel:**
> Patient A raucht zehn Zigaretten am Tag. Patient B raucht ca. 20. Aufgrund der Rationalskalierung kann man sagen, dass Patient B doppelt so viele Zigaretten raucht wie Patient A.

Auf Rationalskalenniveau dürfen Divisionen und Multiplikationen durchgeführt werden. Als Maß für die zentrale Tendenz wird hier das geometrische Mittel berechnet, indem man die Werte mulipliziert und die „nte" Wurzel zieht (n = Anzahl der Multiplikatoren).

Im schriftlichen Physikum wird gerne mal nach den Kennwerten zur Beschreibung der zentralen Tendenz sowie nach den Rechenoperationen gefragt, die auf dem jeweiligen Skalenniveau erlaubt sind. Die Skalen lassen sich hierbei in folgende Reihenfolge bringen:

1 Methodische Grundlagen

Skala	statistische Kennwerte	Erlaubte Rechen-operation
Nominalskala = Kategorialskala	Modalwert (häufigster Wert)	gleich oder ungleich
Ordinalskala = Rangskala	Median (mittlerer Rang), Spannbreite, Interquartilabstand	größer oder kleiner
Intervallskala	arithmetisches Mittel, Varianz u. Standardabweichung	Differenzen berechnen
Rationalskala = Verhältnisskala = Absolutskala	geometrisches Mittel	Verhältnisse bilden

Tab. 1: Skalen

Merke!

Wenn ich an die Skalen denke, sehe ich noir (franz. noir: „schwarz"). Reihenfolge der Skalen: **N**ominal, **O**rdinal, **I**ntervall, **R**ational

1.2.2 Selbstbeurteilungsskalen

In der Psychologie steht man häufig vor der Frage, wie Probanden bestimmte Zustände erleben. Hierzu werden je nach Fragestellung folgende Selbstbeurteilungsskalen eingesetzt:
– Die Schmerzintensität wird beispielsweise mit einer **visuellen Analogskala** erfasst, indem der Proband auf einer Geraden zwischen den Punkten „schmerzfrei" bis „vernichtender Todesschmerz" die von ihm empfundene Schmerzintensität markiert. Er kann auch auf einer metrischen Skala von 0–10 seine Schmerzintensität beschreiben. Achtung: In Zusammenhang mit visuellen Analogskalen werden zwar häufig – aber fälschlicherweise – Verhältnisse zwischen Messwerten gebildet. So findet man in vielen Veröffentlichungen die Angabe: „Der Schmerz hat sich auf der visuellen Analogskala nach der Therapie auf 50 % des Ausgangswertes reduziert". Solche Aussagen sind nicht zulässig, da der visuellen Analogskala das hierfür notwendige Rationalskalenniveau fehlt. Verhältnisse (siehe Verhältnisskala = Rationalskala = Absolutskala) dürfen aber nur gebildet werden, wenn dieses Skalenniveau vorliegt.
– Mit **Adjektivlisten** lässt sich das subjektive Erleben der Schmerzqualität erfassen, indem der Proband die Wahl hat:
Der Schmerz ist
  - stechend: ja/nein
  - pochend: ja/nein
– Die **Likert-Skala** enthält eine in der Regel fünfstufige Antwortoption pro Frage, deren Werte zu einem Skalenwert addiert werden:
Ich habe Kopfschmerzen
  - 1 = nie
  - 2 = selten
  - 3 = gelegentlich
  - 4 = häufig
  - 5 = ständig

DAS BRINGT PUNKTE

Da sich Fragen zum **Skalenniveau** in fast jedem Physikum finden, noch einmal die wichtigsten Informationen zur Wiederholung:
- Kann man die gemessenen Merkmale **nur qualitativ** unterscheiden (z. B. jemand weist ein Merkmal auf oder nicht), erfolgt die Messung auf **Nominalskalenniveau**.
- Kann man die gemessenen Merkmale in eine **Rangreihe** bringen, weiß aber nichts über die Merkmalsdifferenzen, erfolgt die Messung auf **Ordinalskalenniveau**.
- Handelt es sich um **psychologische Testverfahren** (Intelligenztests oder Persönlichkeitstests), bei denen man immer annimmt, dass die Differenzen der Zahlenwerte die Merkmalsdifferenzen widerspiegeln, erfolgt die Messung auf **Intervallskalenniveau**.
- Misst man physikalische Größen, bei denen es einen **eindeutigen Nullpunkt** gibt, erfolgt die Messung auf **Rationalskalenniveau**.

Pause

Päuschen gefällig?
Das hast du dir verdient!

1 Methodische Grundlagen

1.3 Entwicklung, Interpretation und Beurteilung eines Testverfahrens

In unserem Beispiel zur Überprüfung eines neuen Therapieverfahrens bei Aufmerksamkeitsstörungen benötigen wir einen Test, mit dem das Ausmaß der Konzentrationsleistung vor und nach dem Training gemessen werden kann. Im Normalfall kann man dabei auf etablierte psychologische Testverfahren zurückgreifen. Wenn nicht, ist eine Neukonstruktion notwendig. Beispiele für etablierte psychologische Testverfahren sind der Hamburg-Wechsler-Intelligenztest für Kinder und Erwachsene (HAWI-K/E) oder das Freiburger Persönlichkeitsinventar (FPI).

1.3.1 Schritte der Testkonstruktion

Wenn für das Konstrukt, das man messen möchte, noch kein etabliertes Testverfahren existiert, muss ein entsprechender Test neu konstruiert werden. Das ist eine aufwändige Sache, die hier nur in Stichpunkten beschrieben wird, da sie für die Fragen nicht direkt notwendig ist. Die Konstruktionsschritte helfen allerdings dabei, die folgenden Abschnitte der Normierung und Testgütekriterien besser einordnen zu können.

Folgende Schritte müssen unternommen werden:
- Auswahl von Items zum Thema (Testaufgaben oder Fragen/Aussagen),
- Items werden einer großen Stichprobe vorgelegt,
- Selektion der Items nach statistischen Kriterien (z. B. nach Trennschärfe, Schwierigkeitsindex),
- Erstellung der Testendform,
- Testendform wird einer weiteren Stichprobe vorgelegt,
- Überprüfung der Testgütekriterien und
- Normierung des Tests an einer großen Stichprobe.

Greift man auf ein bereits existierendes Testverfahren zurück, entfallen die Schritte der Konstruktion. Allerdings sind für den Anwender die Testnormierung und die Testgütekriterien bei der Auswahl des Verfahrens sehr wichtig. Zudem wird im folgenden Abschnitt auf die Interpretation der Testwerte eingegangen – also auf die Frage, was der Testwert eines Patienten eigentlich bedeutet.

1.3.2 Testnormierung

Ziel der Testnormierung ist es, Vergleichswerte (= Normen) zu gewinnen, mit denen die einzelnen Testwerte von Probanden verglichen werden können. Die wichtigsten Normen sind die Mittelwerte bestimmter Gruppen (z. B. geteilt nach Männern, Frauen und verschiedenen Altersstufen), die in Form einer Normtabelle im Testheft stehen. Ohne Normen sind Testergebnisse nicht interpretierbar. Zum Beispiel weiß man ohne Normen nicht, ob das Ergebnis von zehn Punkten in einem Depressionsfragebogen bedeutet, dass der Patient sehr depressiv ist, oder ob gesunde Menschen einen solchen Wert haben.

> **Merke!**
>
> Normierung bedeutet die Eichung eines Testverfahrens an einer repräsentativen Stichprobe.

1.3.3 Interpretation von Testwerten

Die meisten biologischen (und psychologischen) Merkmale weisen – wenn man Messungen an sehr vielen Probanden macht – eine Merkmalsverteilung in Form einer Gauß-Glockenkurve auf. Sie sind „normalverteilt". Trägt man das Merkmal (z. B. Konzentrationsleistung) auf der x-Achse ein und die Anzahl der Merkmalsträger auf der y-Achse, zeigt sich, dass die meisten Personen eine mittlere Ausprägung aufweisen und zu den Extremen hin immer weniger Merkmalsträger zu finden sind.

1.3.3 Interpretation von Testwerten

Normalverteilung

Das Praktische an normalverteilten Merkmalen ist, dass man nur zwei Kennwerte benötigt, um die gesamte Verteilung vollständig beschreiben zu können:
- den **Mittelwert** (M) und
- die **Standardabweichung** (SD, von Standard Deviation).

Der Mittelwert teilt die Verteilung der Merkmalsausprägungen in zwei symmetrische Hälften. Die Standardabweichung sagt dagegen etwas über die Breite der Verteilung aus: Eine große SD entspricht einer flacheren Verteilung, eine kleine SD einer steileren Verteilung (s. Abb. 1, S. 9).

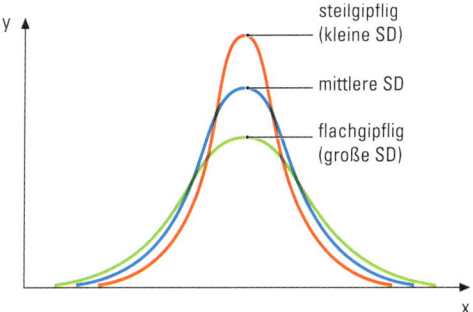

Abb. 1: Normalverteilung mit großer, mittlerer und kleiner Standardabweichung

medi-learn.de/6-psycho1-1

Sind Mittelwert und Standardabweichung bei einem Test bekannt, kann man jeden Testwert, den ein Proband erzielt, in einen **Prozentrang** übersetzen.

Prozentränge sagen aus, wie viel Prozent der Vergleichsstichprobe einen niedrigeren/gleich hohen Testwert haben als/wie der Proband.

Für **normalverteilte Daten** gilt,
- dass 50 % der Verteilung jeweils unter und über dem Mittelwert liegen; „Mittelwert" entspricht einem Prozentrang von 50.
- dass insgesamt ca. 68 % der Verteilung innerhalb der Fläche ± einer Standardabweichung vom Mittelwert liegen; „minus eine Standardabweichung" entspricht einem Prozentrang von 16, „plus eine Standardabweichung" entspricht einem Prozentrang von 100 – 16 = 84.
- dass insgesamt ca. 96 % der Verteilung innerhalb der Fläche ± zweier Standardabweichungen vom Mittelwert liegen; „minus zwei Standardabweichungen" entspricht einem Prozentrang von 2, „plus zwei Standardabweichungen" entspricht einem Prozentrang von 100 – 2 = 98.
- dass im Mittelbereich der Normalverteilung kleine Unterschiede in den Testwerten großen Unterschieden im Prozentrang entsprechen, während an den Rändern der Verteilung (= hohe und niedrige Testwerte) große Unterschiede in den Testwerten kleinen Prozentrangunterschieden entsprechen.

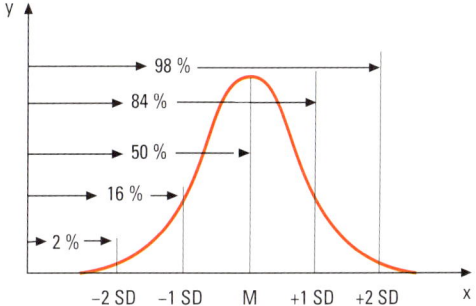

Abb. 2: Normalverteilung mit Prozenträngen

medi-learn.de/6-psycho1-2

Neben der Prozentrangnorm gibt es noch andere Testnormen, z. B. die IQ-Abweichungsnorm oder die Z-Norm. Wie ein Test normiert ist – das heißt, auf welchen Wert man den Mittelwert und die Standardabweichung festlegt – beruht auf Konvention.

> **Merke!**
>
> Die Prozentrangnorm ist die einzige Normierung, die nicht nur für normalverteilte Daten gilt. Sie hat keinerlei Verteilungsvoraussetzungen. Alle anderen Normierungen sind nur bei normalverteilten Daten anwendbar.

1 Methodische Grundlagen

Beispiele für Normumrechnungen

Man kann die verschiedenen Testnormen ineinander überführen.

> **Beispiel:**
> Ein Proband hat im HAWIE einen Testwert von 115 erzielt. Sein Wert liegt also eine Standardabweichung über dem Mittelwert. Das entspricht einem Prozentrang von 84. Würde er auch den IST bearbeiten, wäre zu erwarten, dass er einen Testwert um 110 erzielt (da beide Tests allgemeine Intelligenz erfassen), denn beim IST beträgt eine Standardabweichung zehn Punkte.
> Will ein Forscher eine Studie mit Hochbegabten (IQ ≥ 130) durchführen, kann er aufgrund der Überführung des IQ-Werts in einen Prozentrang ausrechnen, dass nur ca. 2 % der Gesamtbevölkerung so einen hohen IQ haben. Möchte er eine Stichprobe von 100 Hochbegabten zusammenbekommen, muss er also etwa 5000 Probanden testen (zwei von 100 haben einen IQ ≥ 130), um genügend hochbegabte Probanden zu finden.

1.3.4 Testgütekriterien

Testgütekriterien sagen etwas darüber aus, wie gut ein Testverfahren ist. Die wichtigsten drei Kriterien sind die
- Objektivität,
- die Reliabilität und
- die Validität.

Objektivität

Man kann die Objektivität unterteilen in Durchführungs-, Auswertungs- und Interpretationsobjektivität. Eine hohe Objektivität bedeutet, dass bei einem Test, der an einem bestimmten Probanden durchgeführt wird, immer dasselbe Ergebnis herauskommt, egal, wer den Test durchgeführt, ausgewertet und interpretiert hat.

Erreicht wird Objektivität durch eine hohe **Standardisierung** der Testdurchführung, -auswertung und -interpretation (z. B. vorgeschriebene Instruktionen, die vom Testleiter nur abgelesen werden).

Will man die Objektivität eines Tests überprüfen, vergleicht man, ob verschiedene Testleiter unabhängig voneinander bei denselben Probanden zu identischen Ergebnissen kommen. Als Kennwert berechnet man die Höhe der Übereinstimmung (Korrelation) zwischen den Ergebnissen der Probanden bei den verschiedenen Testleitern.

> **Merke!**
>
> Die Objektivität ist die Unabhängigkeit eines Testverfahrens vom Testleiter.

Reliabilität

Reliabilität wird auch als Zuverlässigkeit oder Messgenauigkeit bezeichnet. Man muss verschiedene Arten der Reliabilität unterscheiden:

Norm	−2 SD	−1 SD	M	+1 SD	+2SD	Beispiel für Testverfahren
Prozentrang	2	16	50	84	98	
IQ-Norm M = 100, SD = 15	70	85	100	115	130	HAWIE, HAWIK (Hamburg-Wechsler Intelligenztest für Erwachsene und Kinder)
Z-Werte M = 100, SD = 10	80	90	100	110	120	IST (Intelligenzstrukturtest)

Tab. 2: Verschiedene Testnormen

1.3.4 Testgütekriterien

- **Retest-Reliabilität**: Wiederholte Messung an denselben Probanden, wobei die Messwerte der ersten Testung und der zweiten Testung miteinander verglichen werden (Berechnung der Korrelation).
- **Paralleltest-Reliabilität**: Vergleich zweier paralleler (= sehr ähnlicher) Testformen an derselben Stichprobe (zu einem Zeitpunkt) und Berechnung der Übereinstimmung über die Korrelation der Messwerte.
- **Split-Half-Reliabilität** (Testhalbierungsverfahren): Vergleich der Ergebnisse zweier Testhälften an derselben Stichprobe und Berechnung der Übereinstimmung über Korrelation der Messwerte. Testhälften werden meistens durch Aufteilung der Items nach dem Zufallsprinzip erstellt.
- **Interne/Innere Konsistenz**: Berechnung der Übereinstimmung (Korrelation) jeder einzelnen Testaufgabe mit allen anderen Testaufgaben, um festzustellen, ob der Test ein homogenes Merkmal misst (und nicht viele verschiedene). Sie stellt eine Verallgemeinerung der Split-Half-Methode dar.

> **Merke!**
> - Die Reliabilität gibt an, mit welcher Genauigkeit ein Test ein Merkmal misst.
> - Die Höhe der Reliabilität ist abhängig von der Testlänge: Je länger der Test (mit ähnlichen Aufgaben), desto höher die Reliabilität.

Standardmessfehler

Da ein Test nie perfekt reliabel ist, kann man in Form des Standardmessfehlers angeben, wie groß der Messfehler aufgrund mangelnder Genauigkeit ausfällt. Der Standardmessfehler (SM) ergibt sich aus dem Reliabilitätskoeffizienten (r, zwischen 0 und 1) und der Standardabweichung (SD) des Tests:

$SM = SD \sqrt{1 - r}$

Je höher die Reliabilität, desto kleiner der Standardmessfehler.

Konfidenzintervall

Das Konfidenzintervall (= Vertrauensintervall) gibt den Bereich an, in dem der wahre Wert des Probanden mit 95 %iger Wahrscheinlichkeit liegt. Je genauer der Test misst – also je höher seine Reliabilität ist – desto kleiner ist dieser Wertebereich. Das Konfidenzintervall (= KI) berechnet sich aus dem Testwert, den ein Proband erzielt hat ± dem Standardmessfehler.
$KI = Testwert \pm SM$

Validität

Die Validität sagt etwas über die inhaltliche Güte eines Testverfahrens aus. Hohe Validität bei einem neu entwickelten Depressionsfragebogen bedeutet z. B., dass depressive Menschen dort auch tatsächlich einen höheren Wert erzielen als nicht depressive und der Test nicht etwas ganz anderes (z. B. Ängstlichkeit) misst.

Auch bei der Validität muss man verschiedene Arten unterscheiden: Möchte man wissen, ob ein neu entwickelter Fragebogen tatsächlich Depressivität misst, kann man Verschiedenes tun:

- **Konvergente Validität**: Man kann das neue Testverfahren mit bereits bewährten Testverfahren vergleichen. Die konvergente Validität (= Übereinstimmungsvalidität) wird über die Korrelation mit einem Außenkriterium berechnet. Das kann entweder ein etabliertes Testverfahren zu dem Bereich sein (bekannter Depressionsfragebogen) oder z. B. das Urteil eines erfahrenen Psychiaters. Eine hohe Übereinstimmungsvalidität bedeutet, dass die Ergebnisse aus den verschiedenen Verfahren hoch korrelieren.
- **Differenzielle Validität**: Man möchte zeigen, dass man mit einem Test zwischen de-

pressiven und gesunden Patienten unterscheiden (differenzieren) kann. Hohe differenzielle Validität bedeutet allgemein, dass man mit Hilfe des Testverfahrens relevante Gruppen von Probanden gut unterscheiden kann (z. B. ein Einschulungstest, der zwischen schulreifen und nicht schulreifen Kindern trennen können soll oder ein Test zur Therapiemotivation, der zwischen Probanden, die durchhalten und denen, die abbrechen, trennen können soll).

- **Prädiktive Validität**: Viele Testverfahren sollen eine Vorhersage späterer Ereignisse ermöglichen (z. B. Berufseignungstests, Assessment Center). In diesem Fall ist es wichtig zu wissen, wie gut der Test das Kriterium (späteres Verhalten) vorhersagen kann. Um die prädiktive Validität eines Tests zu ermitteln, korreliert man die Testwerte vom Zeitpunkt eins mit den Werten im relevanten Kriterium, die zu einem späteren Zeitpunkt erhoben werden. Beispielsweise berechnet man den Zusammenhang der Abiturnote mit dem späteren Studienabschluss, um zu wissen, ob die Abiturnote eine gute Vorhersage des Studienerfolgs ermöglicht und somit sinnvollerweise zur Auswahl von Studenten eingesetzt werden sollte.

  Eine hohe prädiktive Validität bedeutet, dass der Test ein in der Zukunft liegendes Kriterium (z. B. Berufserfolg) zu einem großen Teil vorhersagen kann.

- **Augenscheinvalidität**: Diese Form der Validität bedeutet, dass ein Testverfahren „dem Augenschein nach" das misst, was es messen soll. Beispielsweise ist eine praktische Fahrprüfung als Test für die Fahreignung augenscheinvalide. Verwendete man als Fahrtest stattdessen Gedächtnisaufgaben, würde man als Teilnehmer diesen Test als unpassend für das relevante Kriterium (Fahreignung) empfinden. Augenscheinvalidität ist keine statistisch zu berechnende Größe, sondern entspricht der subjektiven Einschätzung des Probanden, inwiefern die Art des Tests für den angegebenen Zweck geeignet ist.

> **Merke!**
>
> Die Validität eines Testverfahrens bezieht sich auf die Gültigkeit und besagt, ob der Test tatsächlich das misst, was er zu messen vorgibt.

Zusammenhang der Testgütekriterien

Die Testgütekriterien Objektivität, Reliabilität und Validität bauen aufeinander auf. Das heißt, hohe Objektivität (= Unabhängigkeit vom Testleiter) ist eine notwendige Voraussetzung für hohe Reliabilität (= Messgenauigkeit, Zuverlässigkeit) und diese wiederum für hohe Validität (= Gültigkeit). Ein Test, der nicht objektiv oder nicht reliabel ist, kann also gar nicht valide sein.

Andersherum gilt die Beziehung dagegen nicht: Eine hohe Objektivität garantiert NICHT, dass der Test auch reliabel ist. Ebenso wenig führt eine hohe Reliabilität zwingend zu einer  hohen Validität, denn ein Test könnte zwar immer wieder dasselbe Ergebnis bringen (reliabel sein), aber dennoch das falsche Merkmal erfassen (z. B. Konzentrationsleistung statt Intelligenz) und damit nicht valide sein.

> **Merke!**
>
> Objektivität ist eine notwendige Bedingung für Reliabilität, diese wiederum für Validität.

Ökonomie

Ökonomische Überlegungen zu einem Test sind: Rechnet sich der Test? Lohnt sich der zeitliche, finanzielle oder sonstige Aufwand für die mit ihm erzielten Ergebnisse? Um diese Fragen zu beantworten, existieren allerdings keine einheitlichen Vorgehensweisen, da man die Gewinn- und Kostenhöhe eines Testverfahrens häufig nicht eindeutig beziffern kann (z. B. Kosten für eine Fehldiagnose).

1.3.5 Beurteilung der Güte einer diagnostischen Entscheidung

Änderungssensitivität

Änderungssensitivität bezieht sich darauf, ob ein Test Änderungen eines Merkmals messen kann, also sensibel genug reagiert, wenn sich bei einem Patienten eine bestimmte Symptomatik verändert.

Beispiel
Ein Test, der zur Evaluation einer Depressionstherapie eingesetzt wird, sollte das Nachlassen der Depression nach Gabe von Antidepressiva sensibel erfassen können.

1.3.5 Beurteilung der Güte einer diagnostischen Entscheidung

Mit jedem Test – verallgemeinert: mit jeder Diagnose – werden im klinischen Bereich Patienten als gesund oder krank kategorisiert. Allerdings sind Diagnoseverfahren niemals perfekt. Patienten können richtig (Kranke als krank, s. Feld A; Gesunde als gesund, s. Feld D) oder falsch (Kranke als gesund, s. Feld C; Gesunde als krank, s. Feld B) diagnostiziert werden. Daraus ergibt sich das in Tab. 3, S. 13 abgebildete Vier-Felder-Schema.

Übrigens ...
Zur Bezeichnung der Felder solltest du dir Folgendes merken:
– Eine **positive Diagnose** entspricht einem **kranken Zustand** (positiv im Sinne von Vorhandensein der Krankheit).
– Eine **negative Diagnose** bedeutet **gesund**, da keine Krankheit vorhanden ist.

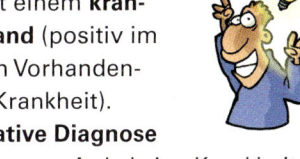

Um die Güte eines Diagnostikverfahrens zu beurteilen, gibt es vier Kennwerte: Die ersten beiden – Sensitivität und Spezifität – beziehen sich darauf, wie gut der Test darin ist, Kranke bzw. Gesunde zu identifizieren. Dagegen sagen der positive und der negative Prädiktionswert etwas darüber aus, mit welcher Wahrscheinlichkeit eine Diagnose/ein Testergebnis richtig ist.
Am besten kann man sich die Aussagen dieser Kennwerte anhand von Fragen klar machen, die auf der nachfolgenden Seite beschrieben werden.

		tatsächlicher Zustand		
		krank (positiv)	gesund (negativ)	
Diagnose laut Testverfahren	krank (positiv)	A (Der Test ist richtig positiv.)	B (Der Test ist falsch positiv.)	**positiver Prädiktionswert** $A/(A + B)$
	gesund (negativ)	C (Der Test ist falsch negativ.)	D (Der Test ist richtig negativ.)	**negativer Prädiktionswert** $D/(C + D)$
		Sensitivität $A/(A + C)$	**Spezifität** $D/(B + D)$	

Tab. 3: Vier-Felder-Schema zur Validität von diagnostischen Verfahren

1 Methodische Grundlagen

Sensitivität

Frage: Wie gut findet man mit dem Test die tatsächlich Kranken (Positiven)?
- Die Sensitivität entspricht dem Anteil der laut Test Positiven (laut Test: „krank") an allen tatsächlich Positiven (tatsächlicher Zustand: „krank").
- Die Sensitivität ist wichtig, wenn man alle Kranken identifizieren möchte, (z. B. um wie bei der SARS-Diagnostik die Ausbreitung einer ansteckenden Krankheit zu verhindern).

Spezifität

Frage: Wie gut findet man mit dem Test die tatsächlich Gesunden (Negativen)?
- Die Spezifität entspricht dem Anteil der laut Test Negativen (laut Test: „gesund") an allen tatsächlich Negativen (= tatsächlicher Zustand: „gesund").
- Die Spezifität ist besonders wichtig, wenn man ausschließen will, dass gesunde Patienten fälschlicherweise als krank identifiziert werden (Beispielsweise sollte vor einer riskanten Operation im Rahmen der Diagnose ausgeschlossen werden können, dass ein scheinbar bösartiger Tumor doch gutartig ist.).

Positiver Prädiktionswert

Frage: Wenn das Testergebnis positiv (im Test: „krank") ausfällt, wie wahrscheinlich ist jemand dann wirklich krank?
- Der positive Prädiktionswert entspricht dem Anteil richtig Positiver (= tatsächlicher Zustand: „krank") an allen als positiv Diagnostizierten.

Negativer Prädiktionswert

Frage: Wenn das Testergebnis negativ (im Test: „gesund") ausfällt, wie wahrscheinlich ist jemand dann wirklich gesund?
- Der negative Prädiktionswert entspricht dem Anteil richtig Negativer (= tatsächlicher Zustand: „gesund") an allen als negativ Diagnostizierten.

1.3.6 Diagnostische Klassifikationssysteme

Auch im medizinischen Bereich soll die Güte diagnostischer Entscheidungen erhöht werden. So legen international gültige Klassifikationssysteme fest, welche Symptome in welcher Ausprägung vorliegen müssen, damit eine bestimmte Diagnose gestellt werden darf. Solche Klassifikationssysteme schränken durch diese operationale Definition der Diagnosen den subjektiven Ermessensspielraum ein und verbessern damit Objektivität, Reliabilität und schließlich auch die Validität. Zu den bekanntesten Klassifikationssystemen gehört die ICD-10. Sie ist in Deutschland für die Dokumentation von Diagnosen verbindlich. Während die ICD-10 alle Erkrankungen umfasst, bezieht sich das multiaxionale DSM-IV (Diagnostic and Statistical Manual of Mental Disorders) vorwiegend auf psychische Störungen. Neben der ICD-10 zur Klassifizierung von Gesundheitsstörungen gibt es die **ICF** (International Classification of Functioning, Disability and Health), die Folgeerscheinung von Erkrankungen klassifiziert. Hierbei werden die
- **Körperstrukturen** (sind physiologische Funktionen, Organe, Gliedmaßen vorhanden?),
- **Aktivitäten** (sind Selbstversorgung, häusliches Leben, Bewegungen möglich?) und
- **Partizipationen** (ist eine Person gesellschaftlich isoliert?) berücksichtigt.

> **Merke!**
>
> Der positive prädiktive Wert hängt stark von der Prävalenz (relativen Häufigkeit) einer Erkrankung ab. Am besten du merkst dir **Ppp** für **P**rävalenz und **p**ositiver **p**rädiktiver Wert.

DAS BRINGT PUNKTE

Aus diesem Kapitel sind die **Testgütekriterien Objektivität, Reliabilität und Validität** sehr wichtig. Deswegen hier noch eine kleine Auffrischung der wichtigsten Fakten:

– **Objektivität** ist die Unabhängigkeit des Tests vom Versuchsleiter. Je weniger Einfluss der Versuchsleiter bei der Durchführung, Auswertung und Interpretation des Tests hat, desto höher fällt die Objektivität aus.

– **Reliabilität** bezeichnet die Messgenauigkeit oder Zuverlässigkeit eines Tests. Sie fällt dann hoch aus, wenn bei demselben Probanden auch bei wiederholter Messung die Testwerte sehr ähnlich ausfallen. Auch die verschiedenen Arten der Reliabilitätsermittlung (= Retest-Reliabilität, Parallel-Test-Reliabilität, Split-Half-Relibilität, Interne Konsistenz) solltst du unbedingt lernen, damit du sie in den Fragen wiedererkennst.

– **Validität** steht für die Gültigkeit eines Tests und beschäftigt sich mit der Frage, ob eigentlich das gemessen wird, was gemessen werden soll. Sie ist dann hoch, wenn der Test eng mit anderen Verfahren zusammenhängt, die dasselbe messen sollen.

– Auch bei der **Validität** gibt es verschiedene Arten, sie zu **bestimmen**: Übereinstimmungsvalidität, differenzielle Validität, prädiktive Validität und Augenscheinvalidität. Schau dir unbedingt nochmal an, was sich hinter den verschiedenen Validitätsarten verbirgt.

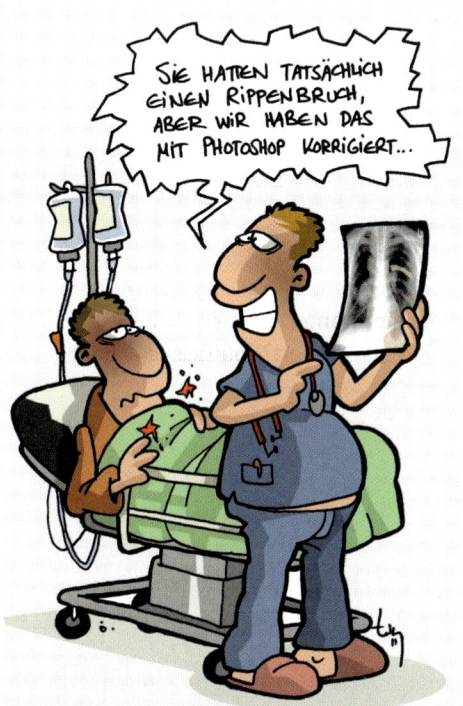

Pause

Kurze Pause!
Jetzt ist erst einmal ein
wenig Entspannung angesagt.

Mehr Cartoons unter www.medi-learn.de/cartoons

1 Methodische Grundlagen

1.4 Untersuchungsarten

Nachdem man seine Fragestellung operationalisiert hat, muss man sich überlegen, mit welcher Art von Untersuchung sie am besten zu überprüfen ist. Die wissenschaftlich sauberste Methode ist das Experiment.
Häufig sind die Voraussetzungen für eine experimentelle Untersuchung allerdings nicht gegeben, sodass man zugunsten der leichteren Durchführbarkeit oder der größeren ökologischen Validität (Alltagsnähe) eine weniger kontrollierte Untersuchungsart wählt.

1.4.1 Experiment

> **Merke!**
> Nur mit Hilfe von Experimenten können Ursache-Wirkungs-Beziehungen zwischen verschiedenen Variablen untersucht werden.

Prinzip von Experimenten

Experimente dienen der Überprüfung von Ursache-Wirkungs-Zusammenhängen. Eine **unabhängige Variable** (Variable, die man für die Ursache hält) wird vom Versuchsleiter planmäßig variiert und die Wirkung dieser Variation auf eine **abhängige Variable** (andere Variable) beobachtet. Alle anderen Einflussfaktoren müssen konstant gehalten werden.

> **Beispiel**
> Man plant ein Experiment, um die Wirksamkeit des neu entwickelten Konzentrationstrainings zu überprüfen. In der Sprache von Ursache-Wirkungs-Beziehungen bedeutet das: Man nimmt an, dass das Konzentrationstraining die Ursache für eine verbesserte Konzentrationsleistung ist.

Unabhängige Variable (UV)

Die Annahme ist, dass unterschiedliche Ausprägungen der UV zu unterschiedlichen Wirkungen führen. Um das zu überprüfen, wird die UV planmäßig vom Experimentator variiert. Die Variation geschieht meist durch Einteilung der Probanden in Versuchsgruppen (Versuchsbedingungen).

> **Beispiel**
> Die UV wäre in unserem Fall die Art der Behandlung, die die aufmerksamkeitsgestörten Kinder bekommen. Wir könnten die UV dreifach variieren:
> 1. Teilnahme an dem Konzentrationstraining (Trainingsgruppe) im Vergleich zur
> 2. Einnahme von Medikamenten (Medikamentengruppe) oder
> 3. keinerlei Maßnahmen (Kontrollgruppe).

> **Merke!**
> Die unabhängige Variable ist die Variable, die vom Experimentator variiert wird und deren Auswirkung man überprüfen möchte.

Abhängige Variable (AV)

Die abhängige Variable ist die Variable, die gemessen wird, um die unterschiedlichen Auswirkungen der Variationen der UV zu sehen. Sie verändert sich abhängig von den Versuchsbedingungen.

> **Beispiel**
> Wir wollen wissen, wie sich die verschiedenen Behandlungsmethoden (= UV) auf die Konzentrationsleistung in einem Konzentrationstest auswirken. AV ist damit die Konzentrationsleistung der Kinder nach dem Training, der medikamentösen Behandlung oder ohne Behandlung.

1.4.1 Experiment

Moderator- versus Mediatorvariable

In einem Gymnasium müssen die zwei bestehenden Eingangstüren jeweils von innen nach außen geöffnet werden.
Schüler, die neu in diese Schule kommen, laufen gelegentlich dagegen, da sie die Türen auch von außen nach innen öffnen wollen.
Nun will man wirksame Interventionsmöglichkeiten testen, um Schüler und Türen zu schonen. Man schreibt daher außen an eine Tür „pull", die andere Tür bleibt unbeschriftet. Ein Lehrer zählt am folgenden Tag die richtigen Versuche. Die unabhängige Variable war also die Beschriftung (die hat man variiert), abhängig waren die Fehlversuche beim Öffnen der Tür (die hat man gezählt).
Die Fehler an der beschrifteten Tür wurden jedoch nur von Schülern aus Grundschule A gemacht. Bei Schülern aus Grundschule B waren alle Versuche fehlerfrei. Damit verändert (moderiert) die Herkunft der Schüler den Effekt. Die Variable „Herkunft" ist also **Moderatorvariable**.
Es stellte sich heraus, dass in Schule A kein Englisch gelehrt wurde, in Schule B hingegen schon. Der Effekt wird also kausal erklärt durch die englischen Sprachkenntnisse. Damit ist „Englischkenntnis" der **Mediator (Vermittler)** zwischen Herkunft und Fehler beim Türöffnen. Mediatorvariablen erklären also kausal den Zusammenhang zwischen zwei anderen Variablen.

> **Merke!**
>
> - Die **un**abhängige (als **u**rsächlich angenommene) Variable wird planmäßig variiert.
> - Die abhängige Variable wird gemessen.
> - Die Moderatorvariable moderiert den Effekt.
> - Die Mediatorvariable vermittelt den Effekt.

Weitere wichtige Kennzeichen eines Experiments

Damit Ursache-Wirkungs-Beziehungen zwischen verschiedenen Variablen tatsächlich untersucht werden können, muss ein Experiment die folgenden Bedingungen erfüllen:

- **Willkürlichkeit**: Die Bedingungen sind jederzeit willkürlich herzustellen.
- **Wiederholbarkeit**: Das Experiment muss jederzeit wiederholt werden können.
- **Variierbarkeit**: Die unabhängige Variable muss vom Versuchsleiter frei variiert werden können. Ist das nicht der Fall, nennt man die Untersuchung ein Quasi-Experiment (z. B. ein Vergleich zwischen der Arbeitsqualität von Ärzteteams mit unterschiedlicher technischer Ausstattung: Zwei Teams hatten bereits neue Operationsausstattungen bekommen, die anderen zwei arbeiteten noch mit der alten Ausstattung, ohne dass die Verteilung der technischen Ausstattung (UV) vom Versuchsleiter vorgenommen wurde).

Interne/externe Validität von Experimenten

Auch bei Experimenten stellt sich die Frage, ob die gefundenen Ergebnisse gültig (valide) sind. Hier unterscheidet man zwischen interner und externer Validität.
- Die **interne Validität** beschreibt die Sicherheit, mit der in dem Experiment die Änderung der abhängigen Variable kausal auf die unabhängige Variable zurückgeführt werden kann (Ist das Experiment „intern" schlüssig?).
- Die **externe Validität** beschreibt die Sicherheit, mit der in dem Experiment an einer kleinen Stichprobe gefundene Ergebnisse auf die Allgemeinheit (nach extern) übertragen werden können.

Verteilung der Versuchspersonen auf die Versuchsbedingungen

- **Randomisierung**: Die Zuordnung der Probanden zu den Versuchsgruppen geschieht nach dem Zufallsprinzip. Dadurch sollen Selektionseffekte ausgeschlossen werden. Selektionseffekte liegen vor, wenn die Gruppen sich schon von vornherein in einem Merkmal unterscheiden, das evtl. die abhängige Variable beeinflusst (wenn z. B. in der Medikamentengruppe besonders schwer aufmerksamkeitsgestörte Kinder wären). Bei Experimenten müssen randomisierte Versuchsgruppen vorliegen.

Parallelisierung

Wenn man nur sehr kleine Versuchsgruppen hat, kann es bei einer randomisierten Zuteilung leicht zu Gruppenunterschieden kommen (z. B. weil die drei schwersten Fälle zufällig in der einen Gruppe landen). Aus diesem Grund wählt man bei kleinen Stichproben das Verfahren der Parallelisierung. Dabei werden die Versuchsgruppen so gebildet, dass sie sich in allen relevanten Merkmalen möglichst ähnlich sind.

> **Beispiel**
> Im Falle der Behandlungsgruppen sollte man garantieren, dass die anfängliche Aufmerksamkeitsstörung im Schnitt in allen Gruppen gleich ist.

Konstanthaltung

Um einen gefundenen Unterschied in der AV eindeutig auf die verschiedenen Bedingungen der UV zurückführen zu können, sollten alle anderen Variablen konstant gehalten werden (z. B. Versuch immer im gleichen Raum, gleicher Versuchsleiter etc.).

> **Übrigens ...**
> Die Wirkung einer Therapie lässt sich am besten überprüfen, wenn die unabhängige Variable planmäßig variiert, die Störvariablen konstant gehalten werden und die Aufteilung der Probanden zufällig vorgenommen wird. Da alle Variablen kontrolliert und die Probanden zufällig auf die Gruppen verteilt wurden, spricht man von einer **kontrollierten randomisierten Studie**.

1.4.2 Ökologische Studie

Im Gegensatz zum Experiment werden hier keine künstlichen Bedingungen hergestellt, sondern natürlich vorkommende (= ökologische) Daten analysiert (z. B. Untersuchung der psychischen Auswirkung von Arbeitslosigkeit bei einer Stichprobe von zu diesem Zeitpunkt erwerbslosen Personen).

1.4.3 Längsschnitt- und Querschnittstudie

Längsschnitt- und Querschnittstudien werden eingesetzt, um Veränderungen über die Zeit zu

	1. Messzeitpunkt	2. Messzeitpunkt	3. Messzeitpunkt	4. Messzeitpunkt
Alter der Probanden	neugeboren	2 Jahre	6 Jahre	10 Jahre
Anzahl	(1000)	981	949	911
% der urspr. Stichprobe	100	98	95	91
Testzeitpunkt	1970	1972	1976	1980

Tab. 4: Längsschnittstudie

analysieren. Beispielsweise kann man zur Frage, wie sich die Intelligenz über das Lebensalter entwickelt, beide Studien einsetzen.

Längsschnittstudie

Dieselbe Gruppe von Personen wird zu mehreren Zeitpunkten untersucht/getestet.
Vorteil:
– Es sind Aussagen über individuelle Entwicklungsverläufe möglich.
Nachteile:
– aufwändige, lange Untersuchung,
– selektive Veränderung der Stichprobe (z. B. Ausstieg unmotivierter oder kranker Probanden),
– Konfundierung von Alter und Erhebungszeitpunkt: Man kann nicht unterscheiden, ob eine beobachtete Veränderung wirklich auf das Alter zurückzuführen ist oder auf den Zeitpunkt der Testung. Wenn man die Emotionalitätsentwicklung im Alter untersuchen möchte, kann es sein, dass eine der Messungen an einem schönen Sommertag stattfindet. Dann ist es unklar, ob eine gemessene Stimmungsverbesserung vom Wetter zum Testzeitpunkt oder vom höheren Alter der Probanden verursacht wurde.

Querschnittstudie

Zu einem Zeitpunkt werden Probanden verschiedener Altersgruppen untersucht/getestet.
– Mit einer Querschnittuntersuchung kann man die **Prävalenz** (relative Häufigkeit einer Erkrankung zu einem Zeitpunkt) erfassen.
– Die Bestimmung der **Inzidenz** (Anzahl an Neuerkrankungen) erfordert mehrere Messzeitpunkte und lässt sich daher durch eine Querschnittstudie nicht bestimmen.

> **Merke!**
> Von einer Querschnittstudie spricht man, wenn nur zu einem einzigen Zeitpunkt gemessen wird.

Vorteil:
– kurzer Erhebungszeitraum

Nachteil:
– Konfundierung von Alter und Generation: Man kann nicht unterscheiden, ob Unterschiede zwischen den verschiedenen Altersgruppen allein auf das Alter zurückzuführen sind oder auf die Generation und damit die Umstände, in denen die verschiedenen Altersgruppen aufgewachsen sind.
– keine Aussage zu Wirkungszusammenhängen möglich

2003			
Vp	1	30-jährig (IQ 130)	**Generation 2**
	2	35-jährig (IQ 110)	
	3	40-jährig (IQ 120)	
	...		
	7	60-jährig (IQ 125)	**Generation 1**
	...		

Tab. 5: Querschnittstudie

> **Merke!**
> Bei Querschnittstudien erfährt man nichts über die Ursachen der beobachtbaren Merkmale. Es handelt sich um ein rein deskriptives (beschreibendes) Verfahren.

1.4.4 Kohortenanalyse

Eine Kohorte ist eine Personengruppe, die das gleiche Ereignis zur selben Zeit erfahren hat (z. B. gemeinsamer Schulabschluss oder Zugehörigkeit zu einem Geburtsjahrgang).

Prospektive Kohortenstudie

Eine prospektive Kohortenstudie wird zur Analyse der Auswirkung (bekannter) Risikofaktoren eingesetzt (z. B. welche gesundheitlichen Konsequenzen hat der Verlust des Arbeitsplatzes? = gemeinsames Ereignis). Es handelt sich um

1 Methodische Grundlagen

eine **Längsschnittbeobachtung** vom Zeitpunkt des gleichen Ereignisses ausgehend. Dabei ist es wichtig, dass die untersuchten Personen wiederholt nach Eintritt des Ereignisses untersucht werden (**Follow-Up-Untersuchungen**).

Retrospektive Kohortenstudie

Eine retrospektive Kohortenstudie wird zur Suche nach zurückliegenden Risikofaktoren für Krankheiten eingesetzt (Gab es z. B. einschneidende Lebensereignisse bei depressiven Patienten?). Es handelt sich also um einen Rückblick vom Zeitpunkt des Eintretens eines Ereignisses (z. B. Erkrankung) aus.

1.4.5 Fall-Kontroll-Studie

> **Merke!**
> - Bei Fall-Kontroll-Studien werden immer zwei Gruppen – Erkrankte und Gesunde – bezüglich ihrer Exposition (dem Risikofaktor ausgesetzt sein) zu einem Risikofaktor verglichen.
> - Eine Fall-Kontroll-Studie entspricht einer retrospektiven Kohortenstudie mit zusätzlicher Kontrollgruppe.

Beispiel
Personen mit einem seltenen Tumor bilden die Fallgruppe; Merkmalszwillinge, die z. B. in Alter, Geschlecht, Beruf und Familienstand je einem Erkrankten entsprechen, bilden die Kontrollgruppe.
Es wird retrospektiv erfasst, mit welcher Häufigkeit die Gruppenmitglieder einer Exposition, z. B. Röntgenstrahlungen, ausgesetzt waren.
Nehmen wir an, bei den Erkrankten (= Fallgruppe) waren 60 % Röntgenstrahlungen ausgesetzt und in der Kontrollgruppe waren es 20 %. Dies spricht für ein erhöhtes Tumorrisiko aufgrund der Röntgenstrahlung.

- Aus dem Verhältnis (ratio) dieser Quoten (odds) wird die odds-ratio berechnet (hier beträgt sie 60 % ÷ 20 % = 3). Sie bildet ein Maß für das relative Risiko von Röntgenstrahlen auf Grundlage einer Fallkontrollstudie.

1.4.6 Risikoberechnung

Möchte man beurteilen, welches Gesundheitsrisiko vom Rauchen ausgeht, so beobachtet man 100 Raucher und 100 Nichtraucher über einen sehr langen Zeitraum und zählt die Zahl der Krebserkrankungen, die in dieser Zeit neu entstehen (= Inzidenz von Krebserkrankungen).
Angenommen, bei den Rauchern besteht eine Inzidenz von 10 % (= zehn von 100 Rauchern erkranken neu), bei den Nichtrauchern von 1 %. Für die Risikoerhöhung gibt es zwei anschauliche Maße – das relative und das absolute Risiko.
- Zur Berechnung des **relativen Risikos** dividiert man die Krebsfälle der Raucher durch die der Nichtraucher (10 % ÷ 1 % = 10). So erhält man den Faktor, um den sich das Risiko durch Rauchen erhöht.
- Das **absolute Risiko** berechnet man, indem man die Krebsfälle der Nichtraucher von den Krebsfällen der Raucher **subtrahiert**. Dies liefert die absolute Zahl der durch Rauchen verursachten Krebsfälle (= absolutes Risiko) oder die Zahl der Krebsfälle, die dem Rauchen zugeschrieben werden können (= zugeschriebenes Risiko oder attributionales Risiko). In unserem Beispiel sind das neun Krebserkrankungen von 100 Rauchern, die auf das Rauchen zurückgeführt (attribuiert) werden können. Berechnung: (10 ÷ 100) – (1 ÷ 100) = 9 ÷ 100 oder 9 %.

Würde man 100 Rauchern das Rauchen verbieten, so könnten damit neun Krebsfälle verhindert werden. Um einen Krebsfall zu verhindern, müsste man daher 11,11 Rauchern das Rauchen verbieten (NNT).

- Die **NNT (number needed to treat)** ist ein anschauliches Maß zur Beurteilung von Präventions- und Behandlungsmaßnahmen. Es ist die Anzahl an Patienten, die behandelt werden müssen, um einen einzigen Krankheitsfall zu verhindern. Berechnet wird die NNT durch den Kehrwert der absoluten Risikoreduktion.

Beispiel
Nehmen wir an, ohne Prophylaxe erkrankten 8 %, mit Prophylaxe 3 % (= 5 % weniger). Die NNT errechnet sich dann wie folgt:
100 ÷ (8 − 3) oder anders ausgedrückt 100 ÷ 5 = 20.
In diesem Fall müssen also 20 Personen behandelt werden, um einen Krankheitsfall zu vermeiden.

Merke!

- **Relatives Risiko** = Erkrankungshäufigkeit der Exponierten dividiert durch Erkrankungshäufigkeit der nicht Exponierten.
- **Odds-Ratio** = ein Näherungsmaß für das relative Risiko.
- **Absolutes Risiko** = zugeschriebenes Risiko = attributionales Risiko = Erkrankungshäufigkeit der Exponierten MINUS Erkrankungshäufigkeit der nicht Exponierten.
- **NNT (number needed to treat)** = Anzahl an Patienten, die behandelt werden müssen, um einen einzigen Krankheitsfall zu verhindern = Kehrwert der absoluten Risikoreduktion.

Um zweifelsfrei nachzuweisen, dass Rauchen wirklich Krebs verursacht, müsste man ein echtes Experiment bzw. eine kontrollierte randomisierte Studie durchführen, bei der man eine Gruppe zufällig ausgewählter Jugendlicher nikotinabhängig macht und eine zweite Gruppe hiervor bewahrt (unabhängige Variable). Anschließend zählt man die Krebserkrankungen in beiden Gruppen (abhängige Variable).

Ein solches Experiment würde sich schon aus ethischen Gründen verbieten, daher gelten im Rahmen der Epidemiologie andere Kriterien für das Vorliegen einer **kausalen Beziehung**:
- Biologische Plausibilität (= Pathomechanismen plausibel),
- Dosis-Wirkungs-Beziehung (= je mehr Rauch, desto mehr Krebs),
- Replizierbarkeit der Befunde (= Raucher aller Nationen und Zeiten zeigen höheres Risiko) und
- zeitliche Ordnung (= erst rauchen, dann Krebs).

Merkmale, die ein erhöhtes Krankheitsrisiko verursachen, bezeichnet man als Risikofaktoren, Merkmale, die zwar ein erhöhtes Krankheitsrisiko vorhersagen lassen, es jedoch nicht kausal hervorrufen, nennt man Risikoindikatoren (Marker).

1.4.7 Untersuchungsfehler

Um die Ergebnisse einer Untersuchung interpretieren zu können, ist die Kontrolle aller störenden Einflüsse wichtig. Folgende Fehler können auftreten:

Reihenfolgeeffekte

Von einem Reihenfolgeeffekt spricht man, wenn die Abfolge, in der Versuchspersonen ihnen gestellte Aufgaben bearbeiten, einen Einfluss auf das Ergebnis (die abhängige Variable) hat. Was kann man in solchen Fällen tun?

Ausbalancieren bedeutet, dass man Reihenfolgeeffekte durch die systematische Variation der Aufgaben ausschließt (Person 1: Aufgabe 1, 2, 3; Person 2: Aufgabe 2, 3, 1; Person 3: Aufgabe 3, 1, 2; etc.). Reihenfolgeeffekte gleichen sich so über die Mittelwerte aus.

1 Methodische Grundlagen

Hawthorne-Effekt/Versuchspersonenfehler

Der Hawthorne-Effekt beschreibt folgendes Phänomen: Die Versuchspersonen verhalten sich anders, weil sie wissen, dass sie an einer Untersuchung teilnehmen und sich z. B. beobachtet fühlen (unabhängig davon, in welcher Versuchsbedingung sie sind). Dadurch können die Ergebnisse natürlich verzerrt werden.

Rosenthal-Effekt/Versuchsleiterfehler

Dieser Effekt geht vom Versuchsleiter aus und betrifft dessen Erwartungen an die Versuchspersonen. Die Erwartungen des Versuchsleiters beeinflussen nämlich dessen Wahrnehmung und Verhalten. Wenn z. B. ein Arzt schon eine bestimmte Diagnose vermutet, so besteht die Gefahr, dass er durch suggestive Anamnesefragen wie z. B. „Ihnen wird doch bestimmt auch übel?", seine (Fehl-)Diagnose bestätigt.

Was kann man gegen Versuchspersonen- und Versuchsleiterfehler tun? Durch **Doppelblindstudien** werden der Versuchspersonenfehler und der Versuchsleiterfehler vermieden. „Doppelblind" bedeutet, dass weder die Versuchspersonen noch der Versuchsleiter wissen, wer in welcher Versuchsbedingung ist.

Placeboeffekte

Placeboeffekt bedeutet, dass allein durch die mit der Behandlung verbundenen Erwartungen ein Effekt/eine Verbesserung auftritt (z. B. bei Gabe unwirksamer Placebo).
Placeboeffekte sind abhängig von der Vorerfahrung mit Medikamenten/Behandlungsmethoden und hängen von der Darreichungsform ab (z. B. sind sie wahrscheinlicher, wenn auf die Einnahme des Medikaments großen Wert gelegt wird). Placeboeffekte können unterschiedliche Ursachen haben:

- Autosuggestion: Der Patient redet sich selbst ein, es ginge ihm besser und schließlich geht es ihm besser.
- Heterosuggestion: Andere reden dem Patienten ein, es ginge ihm besser und schließlich geht es ihm besser.
- Rosenthal-Effekt (s. o.): Der Versuchsleiter erwartet von dem Patienten eine Besserung seines Zustands, woraufhin diese auch eintritt.

Was kann man tun, um Placeboeffekte zu verhindern?
Durch **Kontrollgruppen** können Placeboeffekte von tatsächlichen Behandlungseffekten unterschieden werden. Dazu werden eine oder mehrere Experimentalgruppen (Therapiegruppen) mit einer Kontrollgruppe verglichen, die nur ein Placebo (z. B. ein wirkungsloses Medikament) erhält.

Konfundierung

Eine Konfundierung liegt vor, wenn eine Störvariable einen systematischen Zusammenhang zwischen zwei Variablen vortäuscht, der eigentlich gar nicht existiert. Beispiel: Ein Therapieerfolg bei Depressiven geht gar nicht auf die Therapie zurück, sondern auf die Verbesserung des Wetters.

Reaktivität

Reaktivität bezeichnet die Tatsache, dass der Vorgang des Messens selbst einen Einfluss auf das zu analysierende Phänomen hat. Beispiel: Der Blutdruck des Patienten steigt allein aufgrund der Tatsache, dass er gemessen wird und er deswegen aufgeregt ist.

1.5 Stichprobenarten

Bei wissenschaftlichen Fragestellungen wäre eine **Vollerhebung** die Methode der Wahl, da hier alle Personen der Grundgesamtheit unter-

sucht werden. Ist dies jedoch – meist aus ökonomischen Gründen – nicht möglich, nimmt man eine Stichprobe. Die Auswahl der Versuchspersonen muss hierbei so erfolgen, dass das Ergebnis auf die Grundgesamtheit (Grundpopulation) übertragbar ist (externe Validität). Die **Repräsentativität** der Stichprobe kann durch die Selektivität der Versuchspersonen gefährdet werden. Beispiel: Nur besonders motivierte Personen nehmen an einer Umfrage teil.
Mangelnde Repräsentativität führt zu **Stichprobenfehlern** (Übergeneralisierung eines Ergebnisses, das nicht für die Allgemeinheit gilt).

Es kommt auch vor, dass bei klinischen Studien Probanden die Behandlung abbrechen, weil sie keine Wirkung der Behandlung verspüren. Nach dem „Intention-to-treat-Prinzip" werden diese Studienabbrecher dennoch mit in die Datenauswertung eingeschlossen, obwohl sie die Intervention nicht vollständig erhalten haben. Hierdurch entsteht eine geringere Verfälschung der Studienergebnisse, als wenn man diese Probanden nicht berücksichtigen würde.

Im Rahmen von Metaanalysen werden die Ergebnisse vieler einzelner Studien zusammengefasst. So werden viele kleine Stichproben zu einer großen Stichprobe. Damit erhöht man die Genauigkeit statistischer Berechnungen.

1.5.1 Zufallsstichproben (randomisierte Stichproben)

Bei randomisierten Stichproben geschieht die Auswahl aus der Grundgesamtheit zufällig (Prinzip der Randomisierung). Als Voraussetzung gilt, dass jede Person die gleiche Chance hat, an der Untersuchung teilzunehmen.

Klumpenstichprobe

Die Klumpenstichprobe ist eine besondere Form der Zufallsstichprobe, bei der Gruppen von Versuchspersonen (Klumpen) per Zufall ausgewählt und alle ihre Mitglieder untersucht werden.

Beispiel
Klumpen sind alle Universitäten in Deutschland. Die Zufallsauswahl ermittelt fünf Universitäten, von denen dann alle Studenten untersucht werden.

Geschichtete Zufallsauswahl (Strata-Stichprobe)

Die geschichtete Zufallsauswahl ist ebenfalls eine besondere Form der Zufallsstichprobe, bei der die Grundgesamtheit zunächst nach einem relevanten Merkmal in Schichten aufgegliedert wird. Innerhalb dieser Schichten erfolgt die Auswahl der Versuchspersonen dann randomisiert (nach dem Zufallsprinzip).

Beispiel
Aufgliederung der Bevölkerung nach Schulabschlüssen: Aus Schichten mit Hauptschulabschluss, Realschulabschluss, Abitur etc. werden Personen per Zufall ausgewählt.

1.5.2 Quotastichprobe

Bei der Quotastichprobe erfolgt die Auswahl einer Personengruppe unter der Berücksichtigung untersuchungsrelevanter Merkmale (z. B. soziale Schicht, Geschlecht), deren Verteilung in der Grundgesamtheit bekannt ist.

Beispiel
Die Stichprobe setzt sich entsprechend relevanter Bevölkerungsparameter zusammen (z. B. 50 % Frauen, 2 % aus der Oberschicht etc.).

Die Quotastichprobe kann man sich als eine Art Miniaturexemplar der eigentlich zu unter

1 Methodische Grundlagen

suchenden Grundgesamtheit vorstellen. In ihr sind die ausgewählten Merkmale wie in der großen Gesamtheit verteilt, nur dass es eben ein verkleinerter Ausschnitt ist.

1.6 Methoden der Datengewinnung

Um Informationen über Probanden zu gewinnen, kann man die Probanden befragen (Interview), beobachten (Verhaltensbeobachtung) oder testen (Testverfahren). Welcher Art die erhobenen Informationen (Daten) sein sollen, hängt von der Fragestellung ab.

1.6.1 Datenarten

Man kann die Daten danach unterscheiden, ob sie sich auf Einzelpersonen oder ganze Gruppen beziehen und ob sie „frisch" erhoben wurden oder bereits vorhanden waren.

Individualdaten und Aggregatdaten

- **Individualdaten** sind individuelle Daten einzelner Probanden (z. B. Blutdruck, Körpergröße etc. einer Person).
- **Aggregatdaten** sind zusammengefasste Individualdaten (z. B. Mittelwerte verschiedener Untergruppen).

Primär- und Sekundärdaten

- **Primärdaten** wurden vom Forscher selbst erhoben (z. B. im Labor, durch eigenes Experiment).
- **Sekundärdaten** sind „Second-Hand"-Daten, die bereits vorhanden waren und nicht extra neu erhoben wurden (z. B. aus Krankenakten, aus anderen Experimenten).

Index

Ein Index bezeichnet eine aus zwei oder mehreren quantitativen Merkmalen zusammengefasste Größe, die nach einer spezifischen Rechenvorschrift gebildet wird.

Beispiel: Der Index zur Erfassung des sozioökonomischen Status wird aus den Punktwerten für Einkommen, Bildungsabschluss und beruflicher Stellung gebildet.

1.6.2 Interview

Das Interview wird als Untersuchungsmethode häufig eingesetzt, wenn man zu einem neuen Themengebiet erst einmal Informationen sammeln möchte.
Interviews können sehr verschieden aussehen, je nachdem, wie standardisiert sie ablaufen und welchen Inhalt sie betreffen.

Grad der Standardisierung der Befragung
Gemäß der Standardisierung kann man Interviews in drei Gruppen einteilen:
- **Standardisierte Interviews**: Der Interviewer hat strenge Vorgaben einzuhalten, z. B. sind Reihenfolge, Inhalt und Wortlaut der Fragen vorgegeben. Der Vorteil für ein solches Vorgehen liegt in der besseren Vergleichbarkeit der Ergebnisse und einer höheren Objektivität.
- **Teilstandardisierte Interviews**: Nur die abzufragende Themengebiete sind vorgegeben (Interview-Leitfaden), der Wortlaut der Fragen und die Reihenfolge sind dem Interviewer freigestellt.
- **Unstandardisierte Interviews**: Hier gibt es abgesehen vom Hauptthema keine Vorgaben zur Durchführung.

Fragenarten

Auch die Art der gestellten Fragen kann man unterscheiden:
- **Offene Fragen**: Hier sind die Antwortmöglichkeiten für die Befragten uneingeschränkt (z. B. „Was führt Sie zu mir?").
- **Geschlossene Fragen**: Hier sind Antwortmöglichkeiten vorgegeben. Man kann wiederum zwei Arten unterscheiden:
  - Die **dichotome Frage** mit zwei Antwortmöglichkeiten („Haben Sie Schmerzen?")

- die **Katalogfrage** mit mehreren Antwortmöglichkeiten („Sind Ihre Schmerzen stechend, brennend oder schneidend?")

Übrigens ...
Offene Fragen sind in jeder Art des Interviews – auch im standardisierten möglich – z. B. zur Gesprächseröffnung im Anamnesegespräch.

1.6.3 Beobachtungsmethoden

Beobachtungsmethoden kann man auf drei Arten beschreiben, die frei miteinander kombiniert werden können:
- **Systematische vs. unsystematische Beobachtung**: Die zu beobachtenden Verhaltensweisen werden nach vorher festgelegten Regeln registriert (systematisch) oder erst während der Beobachtung festgelegt (unsystematisch).
Vorteil: hohe Objektivität und hohe Reliabilität (Zuverlässigkeit) der systematischen Methode im Vergleich zur unsystematischen Beobachtung.
- **Teilnehmende vs. nicht teilnehmende Beobachtung**: Der Beobachter nimmt an der Aktivität der Beobachteten teil (z. B. Analyse des Verhaltens von Pauschaltouristen durch Teilnahme an Pauschalreise) oder nicht.
- **Verdeckte vs. offene Beobachtung**: Der Beobachter gibt sich nicht als solcher zu erkennen (z. B. verdeckter Ermittler) oder die Probanden wissen, dass sie beobachtet werden.

Ein Vorteil der verdeckten Beobachtung ist die Reduzierung der Reaktivität bzw. des Hawthorne-Effekts (= verändertes Verhalten, weil man weiß, dass man beobachtet wird).

1.6.4 Testverfahren

Testverfahren dienen dazu, quantitative Aussagen zum Ausprägungsgrad eines empirisch klar definierten Merkmals einer Person zu machen. Sie sind standardisiert und normiert (individueller Testwert kann mit der Normstichprobe in Beziehung gesetzt werden) und sollten den Testgütekriterien genügen. Die Testverfahren können in zwei Kategorien eingeteilt werden:
- Leistungstests und
- Persönlichkeitstests.

Leistungstests/Intelligenztests

Die zwei wichtigsten Intelligenztests sind der IST (Intelligenz-Struktur-Test) und der HAWIE/K (Hamburg-Wechsler-Intelligenztest für Erwachsene/Kinder).
- Der **IST** misst sprachliche, numerische und anschauungsgebundene Fähigkeiten. Die Durchführung erfolgt als Gruppentest (beliebig viele Teilnehmer, die alle einzeln und still arbeiten). Er ist nach der Z-Norm normiert (Mittelwert: 100, Standardabweichung: 10).
- Der **HAWIE/K** besteht aus einem Verbalteil (z. B. Allgemeinwissen) und einem Handlungsteil (z. B. Nachlegen eines Mosaikmusters) und ist nur als Einzeltest anwendbar. Er ist nach der IQ-Norm normiert (Mittelwert: 100, Standardabweichung: 15).

Folgende Fakten zeichnen einen guten Intelligenztest aus:
- Er verfügt über aktuelle Normen einer repräsentativen Stichprobe.
- Es gibt die Möglichkeit der Profilbildung bezüglich verschiedener Intelligenzbereiche (z. B. sprachliche vs. mathematische Fähigkeiten).
- Die Ergebnisse haben eine große Streuung innerhalb einer Population (verschieden intelligente Personen sollen unterschiedliche Ergebnisse haben).
- Die Gütekriterien (Objektivität, Reliabilität, Validität) sind erfüllt.

Persönlichkeitstests

Persönlichkeitstests sollen Aussagen zur Ausprägung von überdauernden Persönlichkeits-

1 Methodische Grundlagen

merkmalen der Probanden erlauben (z. B. zum Ausmaß von Ängstlichkeit, Extraversion etc.). Bei Persönlichkeitstests unterscheidet man zwischen objektiven und projektiven Verfahren:
- Bei **objektiven Persönlichkeitstests** (z. B. FPI = Freiburger Persönlichkeitsinventar) gibt der Proband eine Selbsteinschätzung zu vorgegebenen Aussagen ab (z. B. „Ich gehe gerne auf Partys." – stimmt/stimmt nicht).

Ein Vorteil objektiver Tests ist ihre hohe Objektivität aufgrund der hohen Standardisierung. Der Nachteil ist die Verfälschbarkeit der Ergebnisse durch den Probanden.

> **Übrigens ...**
> Ein besonderes Problem bei diesen Tests ist die **soziale Erwünschtheit**: Das heißt, dass Personen so antworten, dass sie sich möglichst vorteilhaft darstellen (z. B. bei Einstellungstests).

Merke!

Soziale Erwünschtheit kann bei allen Untersuchungsarten auftreten und die Ergebnisse verfälschen. Eine anonyme Datenerfassung macht sozial erwünschte Antworttendenzen unwahrscheinlicher.

- **Projektive Tests** (z. B. TAT = Thematischer Auffassungstest; Rorschach-Test) basieren auf der Idee der Projektion (s. Psychoanalyse). Es sollen unbewusste Wünsche und Gefühle des Probanden auf das mehrdeutige Testmaterial projiziert werden.

Der Vorteil projektiver Verfahren ist, dass sie unbewusste Motive aufdecken können und eine große Bandbreite an Merkmalen erfasst werden kann. Der Nachteil liegt darin, dass die Objektivität der Auswertung und Interpretation schwerer zu gewährleisten ist.

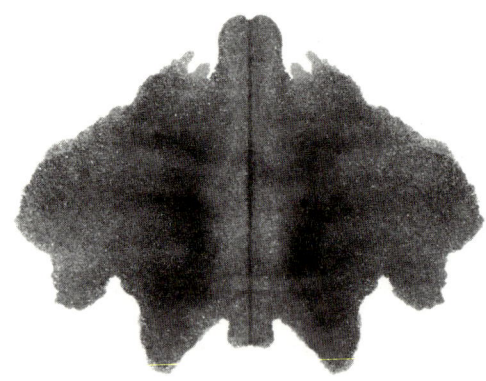

Abb. 3: Rorschach-Tafel *medi-learn.de/6-psycho1-3*

1.6.5 Beurteilung und Beurteilungsfehler

Die erhobenen Daten werden häufig zur Beurteilung einer Person genutzt (z. B. Einstellungstest, Prüfung, Rentenbegehren etc.). Man unterscheidet hierbei die Selbst- von der Fremdbeurteilung:
- Bei der **Selbstbeurteilung** beurteilt sich die Person selbst (z. B. anhand eines Fragebogens).
- Bei der **Fremdbeurteilung** wird die Person von anderen beurteilt (z. B. von Angehörigen, Ärzten, Prüfern).

Beurteilungsfehler

Besonders bei der Fremdbeurteilung kommt es hin und wieder zu Verzerrungen. Häufige Fehler sind:
- **Haloeffekt** = Hofeffekt, Überstrahlungseffekt: Aufgrund des Einflusses eines Stereotyps wird von einer Eigenschaft auf eine andere geschlossen. Beispiel: Ein gut gekleideter Patient wird für intelligent gehalten.
- **Kontrasteffekt**: Eine Person wird schlechter beurteilt, wenn die zuvor beurteilten Personen besser waren oder umgekehrt.
- **Strenge- und Mildeeffekt**: Beurteilungen fallen entweder zu streng oder unangemessen milde aus.
- **Projektion**: Der Beobachter schreibt eigene Wünsche und Gefühle dem zu Beobachten-

1.6.5 Beurteilung und Beurteilungsfehler

den zu (psychoanalytischer Abwehrmechanismus).
- **Actor-Observer-Bias = Akteur-Beobachter-Verzerrung**: Dieser Beurteilungsfehler beschreibt die Tendenz, dass Akteure (Handelnde) und Beobachter Ereignissen jeweils unterschiedliche Ursachen zuschreiben. Der Akteur führt seine Handlungen primär auf Faktoren der Situation zurück, der Beobachter führt die beobachtete Handlung primär auf Personenmerkmale des Akteurs zurück.

Beispiel
Ein Student begründet sein hastiges Sprechen in der Prüfung mit der unangenehmen Prüfungsatmosphäre (situationale Attribution), während der Prüfer sich denkt, dass der Student wohl ein sehr nervöser Mensch sei (personale Attribution). Solche Akteur-Beobachter-Verzerrungen können durch Perspektivenwechsel vermieden werden.

Die Akteur-Beobachter-Verzerrung wird auch als **fundamentaler Attributionsfehler** bezeichnet und – unter seinen verschiedenen Bezeichnungen – häufig gefragt.

DAS BRINGT PUNKTE

Im schriftlichen Physikum tauchen Fragen zu den **Datenarten** (= Individual- und Aggregatdaten; primäre und sekundäre Daten) immer mal wieder auf. Deswegen solltest du dir die Definitionen gut einprägen.

Die Begriffe der **unabhängigen Variable (UV)** und der **abhängigen Variable (AV)** solltest du unbedingt richtig zuordnen können. Dazu noch ein Beispiel: Wenn man wissen will, wie sich das Trinken von Alkohol auf die Fahrsicherheit auswirkt, kann man das schematisch so darstellen:
Verschiedene Mengen von Alkohol → Fahrsicherheit
- Die UV ist immer die links stehende (= Ursachen-) Variable, die die AV (mehr oder weniger) beeinflusst.
- Die AV ist immer die rechts stehende Variable, die man misst, um den Einfluss der UV abschätzen zu können.

Auch die **verschiedenen Beobachterfehler** solltest du kennen. Und bitte dabei nicht verwirren lassen:
- **Hawthorne-Effekt** und Versuchspersonenfehler bezeichnen dasselbe, nämlich, dass sich die Versuchspersonen anders verhalten, weil sie wissen, dass sie beobachtet werden.
- **Rosenthal-Effekt** und Versuchsleiterfehler sind auch zwei Namen für dieselbe Tatsache: Erwartungen des Versuchsleiters verzerren die Effekte.

Pause

Ein paar Seiten hast du schon wieder geschafft! Päuschen und weiter geht's!

Mehr Cartoons unter www.medi-learn.de/cartoons

1.7 Datenauswertung

Wie die gewonnen Daten ausgewertet werden, hängt zum einen von der Art der Daten (qualitativ oder quantitativ) und zum anderen von der speziellen Fragestellung ab.
Zur Datenauswertung zählen die zwei Schritte:
- die Beschreibung der Daten (Deskription) und
- das Überprüfen der erzielten Befunde auf ihre statistische Bedeutsamkeit (Signifikanz, Inferenzstatistik).

1.7.1 Quantitative Auswertungsverfahren

Die prüfungsrelevanten quantitativen Auswertungsverfahren sind deskriptive Statistik, Korrelation und Inferenzstatistik/Signifikanzprüfung.

Deskriptive Statistik

Deskriptive Statistik bezieht sich auf die Beschreibung und Zusammenfassung der Daten. Folgende Kennwerte sind dabei wichtig:
- **Häufigkeiten** von Merkmalsausprägungen werden in Tabellen oder Diagrammen (z. B. Säulen-/Balkendiagramm) dargestellt (z. B. Anzahl der Krankenhaustage nach Blinddarmoperation).
- **Mittelwert**: Die Ergebnisse der Probanden werden summiert und durch die Anzahl der Probanden geteilt:

$$\left(\frac{\sum x_i}{N}\right)$$

  (z. B. durchschnittliche Dauer des Krankenhausaufenthalts nach verschiedenen Operationen).
- Die **Varianz** ist ein Maß für die Streuung der Daten und gibt die Breite der Verteilung an.

$$\frac{\sum (x_i - M)^2}{N}$$

- Die **Standardabweichung** entspricht der Wurzel aus der Varianz (s. Abb. 1, S. 9).

Beispiel
Werte: 2, 4, 6 → Mittelwert: 4
Varianz: $(2-4)^2+(4-4)^2+(6-4)^2=8$
Standardabweichung: Wurzel aus 8

Korrelation

Die Korrelation ist ein Maß für den Zusammenhang zweier Variablen. Eine Korrelation liegt vor, wenn der Ausprägungsgrad des einen Merkmals mit der Ausprägung des anderen Merkmals zusammenhängt.

Beispiel
Der Zusammenhang zwischen der Höhe der Geschwindigkeit und der Zahl der Unfälle beim Autofahren.

Von einer **Scheinkorrelation** spricht man, wenn eine Korrelation zwischen zwei Merkmalen darauf zurückzuführen ist, dass beide durch ein drittes Merkmal beeinflusst werden.

Beispiel
Der Zusammenhang zwischen dem Neupreis von Autos und der Zahl der Unfälle bei diesem Modell. Allerdings steckt hinter diesem Zusammenhang eigentlich die Geschwindigkeit als auslösende Variable, da teure Autos im Schnitt schneller fahren können und schneller gefahren werden. Die Unfälle hängen also nur scheinbar vom Preis ab ...

Der **Korrelationskoeffizient** (r) sagt allgemein etwas darüber aus, ob es einen systematischen Zusammenhang zwischen den Variablen gibt und wenn ja, ob große Werte in der einen Variable mit großen oder kleinen Werten in der anderen Variablen einhergehen. Er hat einen Wertebereich von $-1 < r < +1$, wobei sich die Stärke des Zusammenhangs in der Höhe des Koeffizienten widerspiegelt (je näher an +1/−1, desto größer).

1 Methodische Grundlagen

Nullkorrelation (r = 0) bedeutet, dass kein Zusammenhang zwischen den Variablen besteht.

> **Übrigens ...**
> Nullkorrelation bedeutet NICHT notwendigerweise, dass der Zusammenhang genau r = 0,00 sein muss, sondern: Wenn in den Fragen Werte zwischen r = –0,10 und r = 0,10 auftauchen, kann man sie im Sinne einer Nullkorrelation (= kein Zusammenhang) interpretieren.

Die Richtung des Zusammenhangs wird durch das Vorzeichen des Koeffizienten ausgedrückt:
– Ein **negativer Zusammenhang** bedeutet: je mehr A, desto weniger B und umgekehrt;
– ein **positiver Zusammenhang** bedeutet: je mehr A, desto mehr B und umgekehrt.

Besteht eine Korrelation zwischen zwei Variablen, kann aus Kenntnis der einen Variable die andere vorhergesagt werden. Der Anteil, den die eine Variable an der anderen erklärt, wird als gemeinsame Varianz bezeichnet. Die Berechnung der gemeinsamen Varianz funktioniert folgendermaßen:
Korrelationskoeffizient zum Quadrat (r^2).

> **Beispiel**
> r = 0,80, gemeinsame Varianz = 0,80 · 0,80 = 0,64, ergibt 64 % gemeinsame Varianz

> **Merke!**
> Korrelationen sagen NICHTS über kausale Zusammenhänge (Ursache-Wirkungs-Beziehungen) aus. Man weiß also nicht, ob die eine Variable die andere verursacht oder umgekehrt. Zur Klärung von Kausalzusammenhängen dienen Experimente.

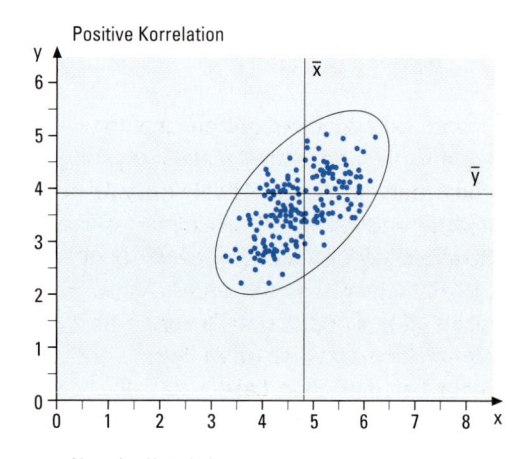

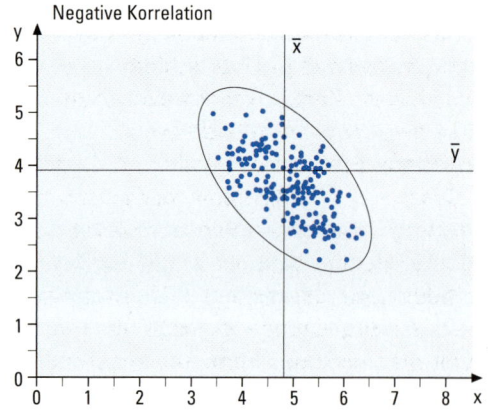

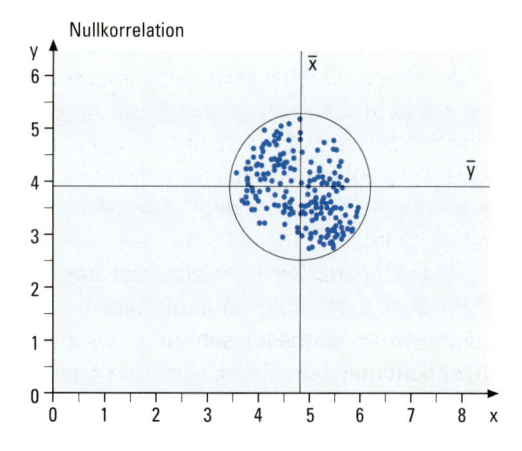

Abb. 4: Korrelationen *medi-learn.de/6-psycho1-4*

1.7.2 Inferenzstatistik und Signifikanzprüfung

Will man experimentell prüfen, ob Koffein Einfluss auf die Konzentrationsleistung hat, so variiert man die Menge Koffein (**unabhängige Variable**) und erfasst anschließend die Konzentrationsleistung (**abhängige Variable**).

Man gibt einer Gruppe eine Tasse koffeinfreien Kaffee, der anderen Gruppe eine Tasse koffeinhaltigen Kaffee. Anschließend werden die durchschnittlichen Leistungen der beiden Gruppen in einem Intelligenztest gemessen.

Die **Nullhypothese** lautet: Koffein hat keinen Einfluss auf die Konzentrationsfähigkeit. Somit dürften also keine Unterschiede der durchschnittlichen Konzentrationsleistungen zwischen den Gruppen zu finden sein.

Die Alternativhypothese lautet: Koffein hat Einfluss auf die Konzentrationsleistungen. Hier sind also Unterschiede zwischen den Gruppen zu erwarten.

Nachdem das Experiment mit jeweils zehn Personen pro Gruppe durchgeführt wurde, findet man ganz bestimmt keine identischen durchschnittlichen Gruppenleistungen, da diese sich zufallsbedingt immer unterscheiden werden, selbst wenn man beiden Gruppen die identische Menge Koffein verabreicht. Man berechnet daher zunächst mit statistischen Verfahren, mit welcher Wahrscheinlichkeit p ein Gruppenunterschied zu erwarten wäre, wenn die unabhängige Variable keinen Einfluss hätte.

Ist der gefundene Unterschied unter der Annahme, die unabhängige Variable habe keinen Einfluss (Nullhypothese), sehr unwahrscheinlich, spricht man von einem **signifikanten Unterschied**. Konventionell ist immer dann von einem solchen signifikanten Unterschied die Rede, wenn die Wahrscheinlichkeit für den gefundenen Gruppenunterschied unter der Annahme der Nullhypothese kleiner als 5 % ist. Wenn man auf diesem Signifikanzniveau die Nullhypothese ablehnt, sollte man sich klar machen, dass man sich irren kann, denn der gefundene Unterschied wäre ja auch unter der Annahme der Nullhypothese immer noch zufallsbedingt mit einer Wahrscheinlichkeit von 5 % zu erwarten.

> **Merke!**
>
> Vereinfacht kann man sagen, dass „p" für die Wahrscheinlichkeit, mit der die Nullhypothese zutrifft, steht: Ist $p < 5\%$, nimmt man die Alternativhypothese an.

Vom **Fehler erster Art oder Alpha-Fehler** spricht man, wenn die Nullhypothese fälschlicherweise abgelehnt wird. Das festgelegte Signifikanzniveau ist die Wahrscheinlichkeit für den Fehler erster Art (= Irrtumswahrscheinlichkeit). Vom **Fehler zweiter Art oder vom Beta-Fehler** spricht man, wenn man die Alternativhypothese fälschlicherweise ablehnt und die Nullhypothese fälschlicherweise beibehält. Dieser Fehler ist sehr aufwendig zu berechnen.

Effektstärke (Cohens d)

Will man experimentell nachweisen, dass ein neues Therapieverfahren zur Blutdrucksenkung wirksam ist, so sollte man eine kontrollierte randomisierte Studie durchführen.

Hier werden Patienten nach dem Zufallsprinzip (randomisiert) entweder der Interventionsgruppe oder einer Kontrollwartegruppe zugewiesen. Die Interventionsgruppe wird behandelt, die Kontrollwartegruppe wird nicht behandelt. Nach Abschluss der Intervention wird das Outcome der Gruppen miteinander verglichen. Nehmen wir an, die Therapiegruppe hat einen im Mittel 10 mmHg niedrigeren diastolischen Blutdruck als die Kontrollwartegruppe, so sagt uns die absolute Differenz noch nichts über den eigentlichen Effekt, da ein Mittelwertunterschied von 10 mmHg auch im Bereich normaler Schwankungen liegen könnte.

Nehmen wir an, die Blutdruckwerte würden in den Gruppen eine sehr große Variabilität aufweisen und zwischen 70 und 220 mmHg

1 Methodische Grundlagen

liegen, so wären 10 mmHg anders zu beurteilen, als wenn die Blutdruckwerte innerhalb der Gruppen in sehr engen Grenzen schwanken würden (z. B. nur zwischen 100 und 130 mmHg). Im ersten Fall würden die gefunden Mittelwertunterschiede gemessen an der natürlichen (sehr großen) Variabilität des Blutdrucks gering sein, im zweiten Fall würden die gefundenen Differenzen weit über der natürlichen Variabilität liegen.

Um bei der Beurteilung von Mittelwertdifferenzen diese Variabilitäten zu berücksichtigen, wird die absolute Mittelwertdifferenz in Relation zu diesen Schwankungen gesetzt, indem man die Differenz zwischen den Gruppen durch die „gepoolte Standardabweichung" (als Maß für die natürlichen Schwankungen) teilt. Dieser Quotient ist als Cohens Effektstärke in die Literatur eingegangen.

Die Effektstärke ist also ein standardisiertes Maß zur Beurteilung der Wirksamkeit einer Behandlung (Treatmenteffekte). Die Effektstärke eignet sich daher auch für Metaanalysen, um die Treatmenteffekte mehrerer Studien zusammenzufassen.

DAS BRINGT PUNKTE

An der **Interpretation von Korrelationen** kommst du im Physikum einfach nicht vorbei. Deswegen hierzu nochmal die wichtigsten Stichworte:

Findet man bei einer Untersuchung eine **Nullkorrelation**, z. B. bei der Überprüfung der Wirksamkeit eines Therapieverfahrens, bei dem Ausgangswerte in Depressivität mit den Depressionswerten nach Abschluss der Therapie verglichen werden, bedeutet das:

- Es besteht kein systematischer Zusammenhang zwischen Anfangs- und Endwerten (= die Testwerte fielen unterschiedlich aus: Manche Patienten sind jetzt also weniger depressiv, andere noch depressiver und wieder andere haben sich gar nicht verändert).
- Über die Wirksamkeit der Therapie kann man also keine Aussage machen, da sie bei manchen anscheinend gut wirkt, bei anderen keinen Effekt hat und bei wieder anderen sogar zu einer Verschlechterung führt.
- Beide Merkmale sind daher statistisch voneinander unabhängig.

Findet man eine **positive Korrelation** (z. B. r = 0,70) zwischen zwei Merkmalen (z. B. bei Durchführung einer Validitätsuntersuchung), bei der Testwerte aus einem neuen Verfahren mit denen aus einem bewährten Verfahren verglichen werden, bedeutet das:

- Die Merkmale haben ca. 50 % gemeinsame Varianz ($r^2 = 0{,}70 \cdot 0{,}70 = 0{,}49$); man kann also aus der Kenntnis des einen Merkmals die Variabilität des anderen zu ca. 50 % vorhersagen.
- Hohe Ausprägungen in einem Merkmal gehen mit hohen Ausprägungen beim anderen Merkmal einher, entsprechend mit niedrigen Ausprägungen.
- Man weiß nichts darüber, welches Merkmal das andere hervorruft (= Kausalität), sondern nur, dass sie zusammenhängen.

Findet man eine **negative Korrelation** (z. B. r = –0,80) zwischen zwei Merkmalen, bedeutet das:

- Beide Merkmale haben eine gemeinsame Varianz von 64 %:
  $r^2 = -0{,}80 \cdot -0{,}80 = 0{,}64$
  Man kann aus der Kenntnis des einen Merkmals die Variabilität des anderen zu 64 % vorhersagen.
- Geringe Ausprägungen in einem Merkmal gehen mit hohen Ausprägungen im anderen Merkmal einher.
- Man weiß nichts darüber, welches Merkmal das andere hervorruft (Kausalität), sondern nur, dass sie zusammenhängen.

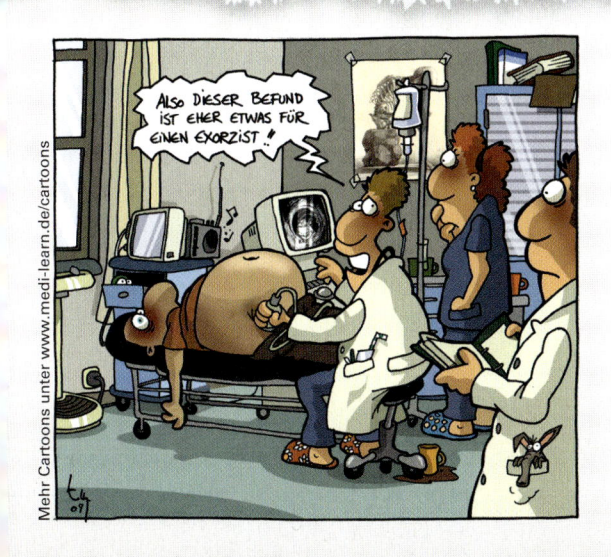

Pause

Lehn dich zurück und mach doch einfach mal kurz Pause ...

2 Biopsychologische Modelle von Gesundheit und Krankheit

Fragen in den letzten 10 Examen: 41

Biopsychologische Modelle gehen davon aus, dass Gesundheit und Krankheit durch die Wechselwirkung physiologischer und psychologischer Faktoren bestimmt werden (z. B. Stress und chronische Darmerkrankungen, Ärger und Bluthochdruck). In den folgenden Abschnitten geht es um die physikumsrelevanten Themen
- Stress,
- Aktivation,
- Schlaf,
- Schmerz und
- Sexualität.

2.1 Was ist Stress?

In der Medizin bezeichnet **Stress** ein Muster spezifischer und unspezifischer Reaktionen eines Organismus auf Ereignisse (von innen oder außen), die sein Gleichgewicht stören und seine Fähigkeit zur Bewältigung herausfordern oder überschreiten. **Stressoren** sind Reizereignisse, die vom Organismus eine Anpassungsreaktion verlangen und somit eine Stressreaktion auslösen.
Beispiele für Stressoren sind
- physische Stressoren (z. B. Lärm, physische Krankheit, Schlafmangel)
- psychische Stressoren (z. B. kritische Lebensereignisse, Isolation, psychische Folgen einer Krankheit)

Übrigens ...
Der Begriff Stress wird in der wissenschaftlichen Terminologie anders als in der Alltagssprache verwendet.

2.1.1 Wodurch wird Stress ausgelöst?

Stressreaktionen sind besonders wahrscheinlich und intensiv, wenn kritische Lebensereignisse
- **früh im Leben auftreten** (früher biografischer Einschnitt),
- **unvorhergesehen, unerwartet** (z. B. plötzliche Kündigung vs. absehbares Auslaufen des Vertrags),
- **neu** (z. B. erster Umzug in eine neue Stadt vs. erneuter Wohnortwechsel) oder
- **unkontrollierbar** (z. B. Umweltkatastrophe) sind.

Die Konsequenzen von stresshaften Ereignissen kann man auf zwei Ebenen betrachten:
- Auf der physiologischen Ebene werden die körperlichen Reaktionen beschrieben.
- Auf der psychologischen Ebene werden die psychischen (emotionalen, kognitiven und das Verhalten betreffenden) Reaktionen beschrieben.

Zwischen beiden Stressreaktionen bestehen wechselseitige Beziehungen (z. B. starke emotionale Stressreaktion führt zu verstärkter physiologischer Aktivierung etc.).

2.1.2 Physiologische Stressmodelle

Physiologische Stressmodelle richten ihre Aufmerksamkeit auf die körperlichen Reaktionen, die mit dem Stresserleben einhergehen. Dabei kann man sich verschiedene Fragen stellen: Zum Beispiel, ob Stressreaktionen immer nach einem bestimmten Muster ablaufen (allgemeines Adaptationsmodell) und ob die körperlichen Reaktionen von verschiedenen Menschen immer gleich ausfallen oder ob es an der Art des Stressors liegt, wie jemand reagiert (individual- vs. reizspezifische Stressreaktion).

Allgemeines Adaptationssyndrom (AAS)

Das allgemeine Adaptationssyndrom von Hans **Selye** beschreibt eine typische Phasenabfolge der **physiologischen Stressreaktion** eines Organismus. Selye geht von einer unspezifischen Anpassungsreaktion aus, die bei chronischem Stress – unabhängig von der Art des Stressors oder den Bewältigungskompetenzen des Individuums – immer ähnlich abläuft.

Diese Stressreaktion gliedert sich in drei Phasen:
- **Alarmphase**: Die körpereigenen Abwehrkräfte werden mobilisiert, um das Gleichgewicht wiederherzustellen (z. B. durch Erhöhung des Hormonspiegels, Schwellung der Lymphknoten).
- **Widerstandsphase**: Der Organismus ist durch gesteigerte Hormonausschüttung (ACTH, Cortisol) resistent gegenüber dem Stressor. Gleichzeitig jedoch ist die Resistenz gegenüber anderen Stressoren verringert.
- **Erschöpfungsphase**: Der Widerstand bricht zusammen. Eine weitere Anpassung ist nicht mehr möglich (Immunsuppression und Krankheiten).

Individualspezifische und reizspezifische Stressreaktion

Grundidee der folgenden Hypothesen zur Stressreaktion ist es, übergreifende Reaktionen zu beschreiben, und zwar einmal aus der Perspektive des Individuums (individualspezifisch), einmal aus der Perspektive des Stressors (reizspezifisch).
- **Individualspezifische Reaktion**: Ein Individuum reagiert auf unterschiedliche Reize mit einem bestimmten, intra-individuell stabilen (immer gleichen) psychophysiologischen Reaktionsmuster (Jemandem schlägt z. B. einfach alles auf den Magen).
- **Reizspezifische Reaktion** (stimulusspezifisch): Dieselben Umweltreize rufen bei unterschiedlichen Individuen gleiche stabile und spezifische psychophysiologische Reaktionsmuster hervor. Plötzlicher Lärm führt z. B. bei allen Menschen zu einer kurzzeitigen Aktivationssteigerung.

2.1.3 Psychologische Stressmodelle

Bei den psychologischen Stressmodellen steht die psychische Stressbewältigung des Individuums im Vordergrund. Schließlich reagieren verschiedene Menschen sehr unterschiedlich auf bestimmte Stressoren. Warum das so ist, soll z. B. mit Lazarus' kognitiver Stresstheorie erklärt werden.

Coping-Modell von Lazarus

Die Grundidee des Coping-Modells von Lazarus ist es, zu beschreiben, wie ein Individuum psychisch auf einen Stressor reagiert.
Es lassen sich drei Arten des Copings (der Bewältigung) unterscheiden:
- **Problemorientiertes Coping** (Bewältigung durch Handeln): Eine Bewältigung der Stresssituation geschieht durch aktive Auseinandersetzung mit dem Stressor.

Beispiel
Der Stressor ist eine nahende wichtige Prüfung. Problemorientiertes Coping kann darin bestehen, den Stress zu reduzieren, indem man sich den Lernstoff zeitlich einteilt, neue Informationen sucht oder die Prüfung verschiebt.

- **Kognitives Coping**: Die Bewältigung der Stresssituation geschieht auf gedanklicher Ebene (kognitiv = gedanklich), wobei die Situation anders interpretiert und bewertet werden kann.

Beispiel
Die Relevanz der stressauslösenden Prüfung wird heruntergespielt, wodurch das Ereignis seinen Schrecken verliert.

Emotionales Coping: Die Bewältigung der Stresssituation geschieht auf Gefühlsebene.

> **Beispiel**
> Der Prüfungsstress wird emotional abgebaut, z. B. durch große Wut auf das ungerechte System oder Resignation angesichts der eigenen Machtlosigkeit.

Nach dem **transaktionalen Stressmodell** von Lazarus verläuft die psychische Stressreaktion in drei Phasen. Dabei kommt es jedes Mal darauf an, wie das Individuum die Situation bewertet. Deswegen wird das Lazarus-Modell auch als **kognitive Stresstheorie** bezeichnet. Der Ablauf bei Auftreten des Stressors sieht folgendermaßen aus:
- **Primäre Bewertung** (primary appraisal): Das Individuum bewertet den Stressor/die Situation als relevant oder irrelevant, günstig/positiv oder belastend:
  Ist diese Prüfung wirklich wichtig (oder irrelevant)? Wenn ja, ist die Situation eine Herausforderung oder eine Belastung für mich (günstig/positiv oder belastend)?
- **Sekundäre Bewertung** (secondary appraisal): Das Individuum bewertet seine eigenen Bewältigungsressourcen. Was kann ich angesichts der belastenden Situation tun?
- **Tertiäre Bewertung** (tertiary appraisal): Es erfolgt eine Neubewertung oder Umbewertung der Situation. Ist die Prüfung angesichts der eigenen Bewältigungsmöglichkeiten immer noch belastend?

Kritische Lebensereignisse (Critical Life Events)

Als kritische Lebensereignisse werden in der Stressforschung positive und negative soziale Veränderungen (psychosoziale Stressoren) bezeichnet, die von einem Individuum eine **Anpassungsleistung** an eine neue Situation erfordern. Beispiel: Tod des Partners, Hochzeit, Umzug …

Grundidee der Life-Event-Forschung ist es, herauszubekommen, welche Art von Ereignissen stressverstärkende Konsequenzen hat.
Kritische Lebensereignisse haben Auswirkungen auf den Gesundheitszustand des Individuums, sie erhöhen z. B. das Risiko für psychische und physische Krankheiten (z. B. durch Schwächung des Immunsystems). Sie erhöhen das Suizid- und Todesrisiko (z. B. bei alten Menschen nach Tod des Lebenspartners). Ihre Auswirkung auf die Gesundheit ist abhängig von den Bewältigungsmechanismen der betroffenen Person.

> **Merke!**
> Als kritische Lebensereignisse werden sowohl positive als auch negative einschneidende Ereignisse bezeichnet.

Die Messung der „Stresswirkung" eines Ereignisses kann durch **Life-Event-Skalen** (z. B. Tod von Partner = 100 Punkte, Geburt von Kind = 50 Punkte …) erfolgen. Die Skalen erfassen den „Stressgehalt" des Ereignisses, NICHT jedoch die Fähigkeit des Individuums, darauf zu reagieren.

2.1.4 Psychophysiologische Stressmodelle

Die Grundidee psychophysiologischer Stressmodelle ist, dass sie das Zusammenspiel psychischer und physiologischer Faktoren bei der Stressreaktion und -verarbeitung thematisieren.

Psychoendokrines Stressmodell nach Henry

Das Stressmodell von Henry geht davon aus, dass ein Zusammenhang von bestimmten Emotionen (psychologische Reaktion) und dem endokrinen System (physiologische Reaktion) existiert. Folgende Emotionen und psychophysiologische Veränderungen hängen zusammen:

- **Ärger**: verstärkte Ausschüttung von Noradrenalin und Testosteron (Vorbereitung zum Kampf),
- **Furcht**: verstärkte Ausschüttung von Adrenalin (Vorbereitung zur Flucht),
- **Depression**: Cortisol erhöht, Testosteron erniedrigt.

> **Übrigens …**
> Es gibt auch angenehme Hormonwirkungen: So wird im Physikum z. B. gerne nach Oxytocin gefragt. Neben der Kontraktion des Uterus und des Milcheinschusses fördert es die Bereitschaft zur Pflege des Neugeborenen, steigert die sexuelle Lust, erhöht die Orgasmusqualität und festigt die soziale Bindung. Daher wird es auch als „Kuschelhormon" bezeichnet.
> Außerdem sollte dir bekannt sein, dass eine erhöhte Ausschüttung von Dopamin im Gehirn zu einem Glücksgefühl führt.

2.1.5 Modell der allostatischen Last von McEwen

Die physiologischen Reaktionen unseres Körpers unterliegen einem homöostatischen Prinzip: Bestimmte Körperfunktionen werden in engen Grenzen um einen vorgegebenen Sollwert gehalten. Beim systolischen Blutdruck z. B. liegt dieser Sollwert bei 120 mmHg. Weicht der Blutdruck in Ruhe von diesem Sollwert ab, so ergreift der Körper entsprechende Gegenmaßnahmen.

Nun gibt es aber besondere Belastungen, in denen es durchaus sinnvoll ist, dass der Blutdruck steigt, z. B. wenn wir vor einem Tiger flüchten wollen. Für solche Belastungen wird der Sollwert des Blutdrucks kurzfristig nach oben verschoben. Wenn lang andauernde und besonders intensive Anforderungen zu einer dauerhaften Sollwertverschiebung führen, spricht man von Allostase (= dauerhafte Sollwertverschiebung).

Die allostatische Last ist die Summe solcher dauerhaften Sollwertverschiebungen verschiedener Systeme. Zur Messung der allostatischen Last eignet sich der **Allostatic Load Index** (ALI). Dieser gilt als Maß für pathophysiologische Veränderungen. Dazu gehören u. a. der Body-Mass-Index, das Verhältnis von Taille zu Hüfte (waist-to-hip ratio) als Index für chronische Fettablagerung an der Taille, die für eine erhöhte glucokortikoide Aktivität sprechen, HDL- und Gesamtcholesterol sowie der Blutdruck.

2.2 Aktivation

Die Aktivation beschreibt das Ausmaß der physiologischen Aktiviertheit oder Wachheit eines Menschen.

2.2.1 Yerkes-Dodson-Gesetz

Wie Aktivation mit Leistungsfähigkeit zusammenhängen, wird in der Yerkes-Dodson-Regel beschrieben. Sie bezieht sich also auf die Frage, bei welchem Ausmaß von Aktivierung die höchste Leistungsfähigkeit besteht.

> **Merke!**
>
> Die Yerkes-Dodson-Regel postuliert eine umgekehrt U-förmige Beziehung zwischen Aktivation und Leistung.

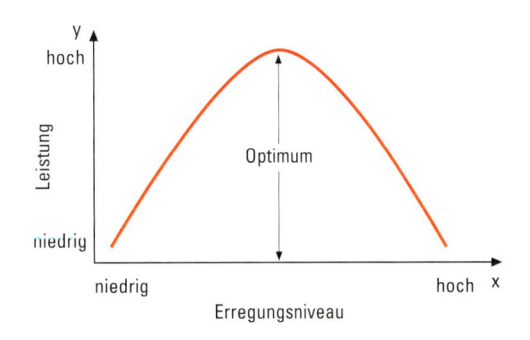

Abb. 5: Yerkes-Dodson-Gesetz

medi-learn.de/6-psycho1-5

Das bedeutet, dass die höchste Leistungsfähigkeit bei einem mittleren Aktivationsniveau besteht, während sowohl geringe Aktivation als auch eine Übererregung zu einer Leistungsabnahme führen. Diese Regel gilt für Aufgaben mittlerer Schwierigkeit. Schwere Aufgaben lassen sich besser in einem niedrigeren, leichte Aufgaben in einem höheren Aktivationsbereich lösen.

2.2.2 Elektrodermale Aktivität (EDA) und Elektroenzephalogramm (EEG)

Das Ausmaß allgemeiner Aktivation kann man an verschiedenen Indikatoren ablesen. Besonders eindeutig ist die Beziehung zur elektrodermalen Aktivität (EDA) und dem spezifischen Muster im Elektroenzephalogramm (EEG). Diese Indikatoren machen dagegen keine Aussage über die zu Grunde liegenden Emotionen (z. B. ob die Aktivierung durch Freude oder Ärger entstanden ist).

Elektrodermale Aktivität und Aktivation

Als Indikatoren für die elektrodermale Aktivität werden folgende Maße erhoben:
– Hautleitfähigkeit (SCL, Skin Conductance Level),
– Hautwiderstand (SRL, Skin Resistance Level) und
– Hautleitpotenzial (Variabilitätsmaß).
– Hautleitfähigkeit und Hautwiderstand stehen in einer negativ proportionalen Beziehung zueinander. Das bedeutet: je höher der Widerstand, desto geringer die Leitfähigkeit und umgekehrt. Statistisch formuliert heißt das:
– Zwischen allgemeiner Aktivation und Hautleitfähigkeit existiert eine positive korrelative Beziehung (= je höher die Aktivierung, desto mehr schwitzt man).
– Zwischen allgemeiner Aktivation und Hautwiderstand existiert dagegen eine negative korrelative Beziehung (= je höher die Aktivierung, desto geringer der Widerstand).

EEG (Elektroenzephalogramm)

Die elektrischen Signale der Kortexneurone können mit Hilfe von Elektroden auf der Kopfhaut registriert werden. Die ableitbaren Potenzialschwankungen werden Elektroenzephalogramm genannt.
Ein paar Grundbegriffe zur Beschreibung und Interpretation des EEGs: Um ein Elektroenzephalogramm beschreiben und interpretieren zu können, benutzt man die folgenden Begriffe:
– **Frequenz**: Häufigkeiten der Potenzialschwankungen pro Zeit, gemessen in cps (=cycles per second = Hertz; Bandbreite: 1–80 cps);
– **Amplitude**: Höhe des Potenzialausschlags, gemessen in Mikrovolt;
– **Spontan-EEG**: Potenzialschwankungen, die ohne zusätzliche Reizdarbietung (spontan) auftreten;
– **Ereigniskorrelierte Potenziale** (evozierte Potenziale oder provozierte Potenziale): Dabei handelt es sich um gemittelte EEG-Amplituden in einem stimulusnahen Zeitfenster. Exogene Potenziale sind hirnelektrische Aktivitäten nach Außenreizen (Töne, Bilder), endogene Potenziale spiegeln psychische Prozesse wieder. Die aufgezeichneten Potenziale hängen mit diesem Reizereignis zusammen (ereigniskorreliert).

Spontan-EEG und Aktivation

Im Spontan-EEG kann es auch bei einem wachen Individuum zu Veränderungen kommen, wenn es von einem entspannten Wachzustand in einen aufmerksamen Wachzustand überwechselt. Diese Veränderung wird als **EEG-Desynchronisation** bezeichnet. Die EEG-Desynchronisation beschreibt das Auftreten von Beta-Wellen (höhere Frequenz) statt Alpha-Aktivität und wird deswegen auch **Alpha-Blockade** genannt. Sie tritt auf, wenn die Aktivation z. B. durch das Öffnen der Augen von einem entspannten Wachzustand (Alpha-Wellen) in einen aufmerksamen Wachzustand wechselt (s. Abb. 6, S. 39).

2.2.3 Orientierungsreaktion, Habituation und Adaptation

> **Merke!**
>
> Eine hohe Aktivierung geht mit einem niedrigen Zackenmuster (= hochfrequent, niedrigamplitudig) einher. Eine niedrige Aktivierung erkennt man an einem hohen Wellenmuster (= niedrigfrequent, hochamplitudig).

Aktivationszustand	Frequenzband	cps (Hertz)
aufmerksamer Wachzustand	Beta	14–30 cps
entspannter Wachzustand	Alpha	8–13 cps
Leichtschlaf	Theta	4–7 cps
Tiefschlaf oder Bewusstlosigkeit	Delta	0,5–3 cps

Tab. 6: Aktivationszustände und zugehöriges EEG-Frequenzband

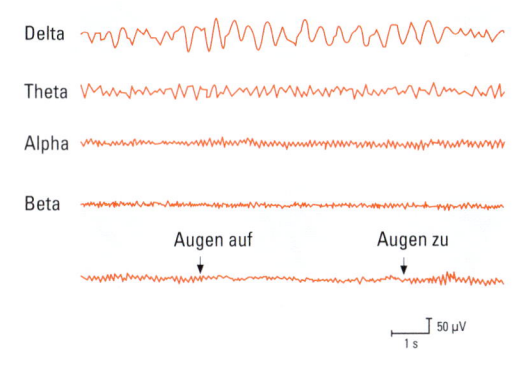

Abb. 6: EEG-Frequenzbänder

medi-learn.de/6-psycho1-6

Evozierte Potenziale: Je nach Art der Reizdarbietung findet man im EEG typische evozierte Potenziale, die als Indikatoren bestimmter Verarbeitungsprozesse angesehen werden. Untersucht werden können z. B. Aufmerksamkeitsprozesse, Informationsverarbeitung, Reizerwartungen oder auch Störungen von Sinnessystemen.

Ein Beispiel für ein evoziertes Potenzial ist die CNV (contingent negative variation) oder das Bereitschaftspotenzial/Erwartungswelle, eine typische, langsame negative Potenzialverschiebung im EEG-Muster, die auftritt, wenn durch einen ersten Signalreiz (Alarmreiz) ein zweiter Reiz angekündigt wird, auf den die Versuchsperson reagieren soll (imperativer Reiz).

2.2.3 Orientierungsreaktion, Habituation und Adaptation

Wie intensiv auf Reize reagiert wird, hängt von ihrer Intensität und Neuheit ab. Während bei neuen Reizen mittlerer Intensität eine Orientierungsreaktion ausgelöst wird, kann es bei wiederholter Darbietung eines Reizes zu Habituations- oder Adaptationsreaktionen kommen.

Orientierungsreaktion

Bei unerwarteten Reizen mittlerer Intensität (z. B. Händeklatschen) tritt ein charakteristischer Aktivationsanstieg auf, der als **Orientierungsreaktion** bezeichnet wird. Die physiologischen Veränderungen dienen einer schnellen Informationsaufnahme. Mit kürzester Latenz findet sich eine Alpha-Blockade (EEG-Desynchronisation). Es folgen:

– Ausschüttung von ACTH, Katecholaminen
– Zunahme der Pulsfrequenz
– Anstieg des Muskeltonus
– Weiten der Pupillen
– Sinken des Hautwiderstands, Steigen der Hautleitfähigkeit
– Sinken der Wahrnehmungsschwelle der angesprochenen Sinnesmodalität (erhöhte Sensitivität),
– Gefühl der Anspannung
– Unterbrechung motorischer Aktivität, Hinwendung zur Reizquelle

Habituation und Adaptation

Diese beiden Reaktionsformen treten auf, wenn Reize wiederholt oder dauerhaft auftreten. Beiden Begriffe lassen sich mit „Gewöhnung" übersetzen.

- **Habituation** beschreibt die Gewöhnung des reizverarbeitenden Systems an wiederkehrende Reize (z. B. das Ticken einer Uhr), indem diese nicht mehr als bedrohlich wahrgenommen werden und die auf neue Reize übliche Orientierungsreaktion ausbleibt. Habituation ist daher ein einfacher (nichtassoziativer) Lernprozess.
- **Sensitivierung** ist das Gegenteil der Habituation. Ein Organismus reagierte zunächst auf einen leichten Reiz (leises Geräusch) jeweils mit einer schwachen Reaktion. Nachdem dann ein aversiver Reiz (lautes, unangenehmes Geräusch) präsentiert worden ist, tritt auch auf ein leises Geräusch hin eine starke Reaktion auf.

2.2.4 Zirkadiane Rhythmen

Individuen unterliegen in ihren biologischen und psychologischen Funktionen (z. B. Reaktionsgeschwindigkeiten, Hormonspiegel, Körpertemperatur) zeitlichen Rhythmen, d. h. über den Tagesverlauf verändert sich die Aktivation des Organismus (z. B. Schlaf-Wach-Rhythmus).

Übrigens …
Zirkadiane Rhythmen sind angeboren und werden durch soziale Zeitgeber (z. B. bestimmte Uhrzeiten für Aufstehen und Schlafen) synchronisiert. Sie werden in Isolation länger (ca. 25-Stunden- statt 24-Stunden-Rhythmus).

DAS BRINGT PUNKTE

Lazarus' kognitives Coping-Modell und speziell die Frage nach der **primären Bewertung** ist im Physikum ein Fragen-Dauerbrenner. Deswegen noch mal zur Erinnerung:
- Bei der primären Bewertung einer Stresssituation geht es um die Einschätzung als relevant oder irrelevant, günstig/positiv oder belastend.

Auch **Selyes Allgemeines Adaptationsmodell** mit den drei Phasen der Stressreaktion solltest du dir gut einprägen:
- Es beginnt mit der Alarmphase,
- dann kommt die Widerstandsphase und
- schließlich die Erschöpfungsphase.

Sehr beliebt zum Thema **Aktivation** ist die Frage nach dem Zusammenhang zwischen **elektrodermaler Aktivität** und **allgemeiner Aktivation**. Daher solltest du dir besonders einprägen, dass

- **Hautleitfähigkeit** und Aktivation positiv zusammenhängen: Bei höherer Aktivierung steigt die Hautleitfähigkeit.
- **Hautwiderstand** und Aktivation negativ zusammenhängen: Bei höherer Aktivation sinkt der Hautwiderstand.
- auch eine **Orientierungsreaktion** einen Anstieg der Aktivation (mit sinkendem Hautwiderstand bzw. steigender Hautleitfähigkeit) bedeutet.

Zudem werden die **physiologischen Veränderungen der Orientierungsreaktion** gerne gefragt. Mach dir dazu bitte klar,
- dass diese Reaktion der optimierten Reizaufnahme dient: Alle Sinnesantennen sind auf besonders guten Empfang gestellt und eine erhöhte Gesamtaktivierung (EEG-Desynchronisation, höhere Pulsfrequenz, höherer Muskeltonus etc.) erlaubt eine schnelle Reaktion.

Pause

Kurze Grinspause & dann auf zum letzten Kapitel!

Mehr Cartoons unter www.medi-learn.de/cartoons

Ein besonderer Berufsstand braucht besondere Finanzberatung.

Als einzige heilberufespezifische Finanz- und Wirtschaftsberatung in Deutschland bieten wir Ihnen seit Jahrzehnten Lösungen und Services auf höchstem Niveau. Immer ausgerichtet an Ihrem ganz besonderen Bedarf – damit Sie den Rücken frei haben für Ihre anspruchsvolle Arbeit.

- Services und Produktlösungen vom Studium bis zur Niederlassung
- Berufliche und private Finanzplanung
- Beratung zu und Vermittlung von Altersvorsorge, Versicherungen, Finanzierungen, Kapitalanlagen
- Niederlassungsplanung & Praxisvermittlung
- Betriebswirtschaftliche Beratung

Lassen Sie sich beraten!
Nähere Informationen und unseren Repräsentanten vor Ort finden Sie im Internet unter
www.aerzte-finanz.de

Deutsche Ärzte Finanz

Standesgemäße Finanz- und Wirtschaftsberatung

2.3 Schlaf

Der Schlaf ist gewissermaßen ein Teil des Aktivationsspektrums des Menschen. Die im Kapitel zur Aktivation dargestellten Zusammenhänge zwischen der Art der EEG-Wellen und dem Ausmaß an Aktivierung sind also auch für die Schlafphasen relevant.

2.3.1 Schlafstadien nach Kleitman

Menschen durchlaufen pro Nacht ca. drei- bis fünfmal den gesamten Schlafzyklus (s. Tab. 7, S. 43 und Abb. 7, S. 44), wobei sich der Anteil an REM-Schlaf vergrößert, sodass in der zweiten Nachthälfte beispielsweise deutlich mehr geträumt wird als in der ersten. Der Tiefschlafanteil ist dagegen in der ersten Nachthälfte größer.
Die Charakteristika der einzelnen Schlafstadien sind in Tab. 7, S. 43 aufgelistet.

> **Merke!**
>
> REM-Schlaf wird als paradoxer Schlaf bezeichnet, weil die Gehirndurchblutung und das EEG-Muster für eine hohe Aktivation sprechen, gleichzeitig die Muskeln aber atonisch (erschlafft) sind.

Schlaf und Alter

Das charakteristische Schlafmuster verändert sich mit dem Alter: Sowohl der Anteil der REM-Phasen (Säuglinge 50 %, 80-Jährige 14 %) als auch die Gesamtschlafdauer nimmt ab (Säugling ca. 16 Stunden, Erwachsene ca. acht Stunden).

2.3.2 Schlafentzug

Man unterscheidet den totalen vom selektiven Schlafentzug, bei dem nur der REM-Schlaf verhindert wird.

Stadium 1 (Einschlafstadium)	– Alpha-Wellen abnehmend – einige Theta-Wellen – Muskeltonus abnehmend
Stadium 2 (Leichtschlafstadium)	– Theta-Wellen – Schlafspindeln – K-Komplexe
Stadium 3	– Übergang zu Delta-Wellen Slow-Wave-Sleep
Stadium 4 (Tiefschlafstadium)	– mehr als 50 % Delta-Wellen Slow-Wave-Sleep
REM-Schlaf (paradoxer Schlaf)	– Rapid Eye Movements (REM) – Träumen – Sägezahnwellen im EEG (niedrige Amplitude, hohe Frequenz, desynchronisiert) – Zunahme der Gehirndurchblutung – Atonie der Muskulatur durch Hemmung der Motoneurone, aber Myoklonien (Muskelzuckungen) – große Variabilität der Herz- und Atemfrequenz

Tab. 7: Schlafstadien und ihre Charakteristika

Nach **totalem Schlafentzug**
- kommt es zu einer Verlängerung der Gesamtschlafzeit,
- wird in der ersten Nacht der Tiefschlaf nachgeholt,
- wird in der zweiten Nacht der REM-Schlaf partiell nachgeholt.

Nach **selektivem Schlafentzug** (kein REM-Schlaf)
- wird der REM-Schlaf nur teilweise nachgeholt,
- sind Menschen tagsüber gereizt und psychisch labil.

2 Biopsychologische Modelle von Gesundheit und Krankheit

Wachheit: geringe Spannung, irregulär, schnell

Schläfrigkeit: 8–12 cps, Alpha-Wellen

Stadium 1: 3–7 cps, Theta-Wellen

Stadium 2: 12–14 cps, Schlafspindeln und sog. K-Komplexe

Delta-Schlaf: 1/2–2 cps, Delta-Wellen > 75 µV

REM-Schlaf: geringe Spannung, zufallsverteilte schnelle Wellen mit „Sägezähnen"

Abb. 7: Schlafstadien   medi-learn.de/6-psycho1-7

> **Übrigens ...**
> Eine Verkürzung des REM-Schlafs kann auch durch Alkohol oder bestimmte Schlafmittel verursacht werden.

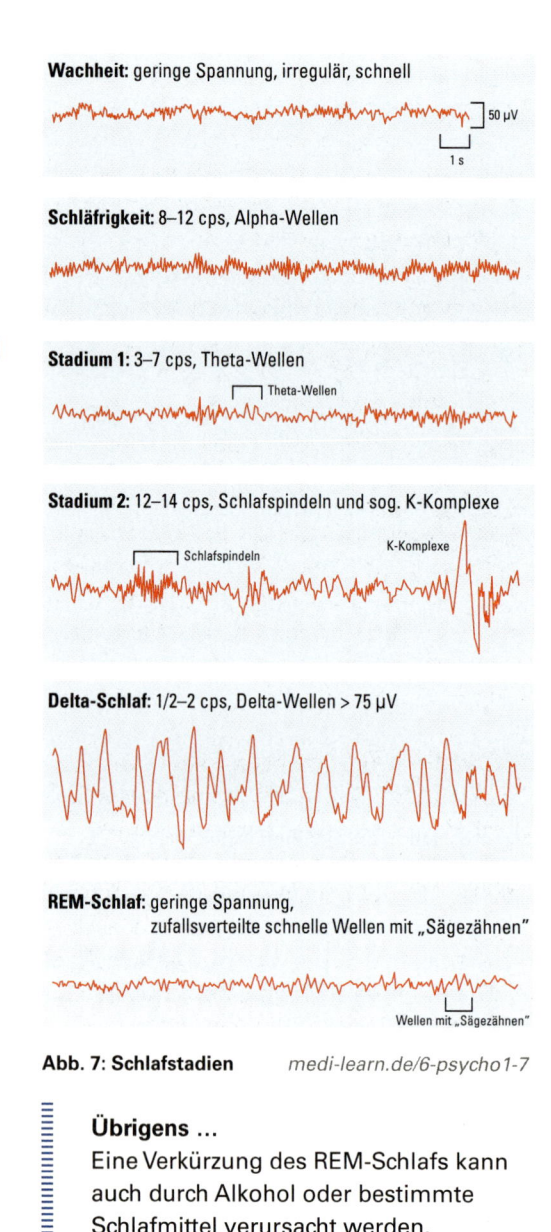

2.3.3 Schlafstörungen

Beispiele für Schlafstörungen sind:
- **Schlafapnoesyndrom**: Hier treten während des Schlafs anfallsweise Atemstillstände von mehr als zehn Sekunden, Schnarchen und Tagesmüdigkeit auf.
- **Narkolepsie**: Hier treten anfallsweise Schlafattacken am Tage auf, die meist einige Sekunden andauern.

2.4 Schmerz

Laut der International Association for the Study of Pain wird Schmerz definiert als ein „unangenehmes Sinnes- und Gefühlserleben, das mit aktueller oder potenzieller Gewebsschädigung verknüpft ist". Doch bevor wir den Schmerz genauer unter die Lupe nehmen, werden zunächst ein paar Vokabeln zur Wahrnehmung von Schmerzen eingeführt.

2.4.1 Wahrnehmung körpereigener Prozesse

Bei der Wahrnehmung der eigenen Körperprozesse muss man folgende Begriffe unterscheiden:
- **Interozeption** bezeichnet allgemein die Wahrnehmung von Vorgängen innerhalb des Körpers. Sie ist bei Männern und Frauen übrigens gleich gut ausgeprägt.
- **Propriozeption** bezeichnet die Wahrnehmung der Prozesse des Bewegungsapparats.
- **Viszerozeption** bezeichnet die Wahrnehmung der Organe und ihrer Tätigkeit.
- **Nozizeption** bezeichnet die Wahrnehmung von Schmerz.

> **Übrigens ...**
> Die Wahrnehmung körpereigener Prozesse kann erlernt werden (z. B. durch Biofeedback), was man sich bei Patienten zu Nutze macht, die beispielsweise unter Spannungskopfschmerzen oder Migräne leiden.

2.4.2 Schmerzkomponenten

Schmerz ist keine einheitliche Wahrnehmung, sondern kann in verschiedene Komponenten aufgegliedert werden. Man unterscheidet hierbei die
- **sensorisch-diskriminative Komponente**: Aussagen zu Intensität, Lokalisation und

Einwirkungsdauer (Der Schmerz ist z. B. stark/schwach/stechend ...),
- **vegetative Komponente**: Reaktionen des vegetativen Systems (z. B. Übelkeit),
- **affektive Komponente**: Aussagen zum Grad des Unlusterlebens (Der Schmerz ist z. B. schrecklich/unerträglich ...),
- **kognitive Komponente**: Bewertung und Interpretation des Schmerzes (z. B. Bagatellisieren= „Halb so schlimm" o. Katastrophisieren= „Alles ganz furchtbar"),
- **motorische Komponente**: reflektorisch ausgelöste Schutz- und Fluchtreaktionen.

2.4.3 Schmerzempfindung und Schmerzempfindlichkeit

Die subjektive Schmerzempfindung spiegelt nicht das Ausmaß der schmerzverursachenden Gewebeschädigung wider.
Die **Schmerzempfindung** wird durch die Kontrollmöglichkeiten, die man über das Auftreten seines Schmerzes hat und/oder die allgemeine Kontrollorientierung eines Menschen (je höher, desto geringer der Schmerz) beeinflusst. Zudem ist das Empfinden abhängig von sozialen Normen. Gilt in einer Gesellschaft beispielsweise, dass „der echte Mann keinen Schmerz kennt", dann werden Männer diesen im Schnitt auch als geringer empfinden. Außerdem spielt die Ursache der Schmerzen eine Rolle. Fügt man sich die Schmerzen freiwillig zu, z. B. weil man sich eine Tätowierung stechen lässt, empfindet man die Schmerzen weniger schlimm, als wenn man die Ursache negativer bewerten würde.
Die **Schmerzempfindlichkeit** sinkt außerdem bei Hoffnung und Ablenkung. Zudem sind alte Menschen weniger schmerzempfindlich als junge. Verstärkt wird die Schmerzempfindlichkeit dagegen durch depressive Verstimmungen und Isolation.

Messen der Schmerzempfindlichkeit

Das Messen der Schmerzempfindlichkeit bezeichnet man als subjektive Algesimetrie.

Eine Messmethode dazu ist der **Cold-Pressure-Test**, bei dem die Person ihren Arm in eiskaltes Wasser taucht und die Intensität ihres Schmerzes (z. B. auf einer Skala von 1–10) angeben muss. Neben der Intensität können weitere sensorische und affektive Schmerzqualitäten durch Adjektivlisten erfasst werden (z. B. mit dem McGill-Pain-Questionnaire).

2.4.4 Schmerztherapie

Wenn man die Ursache von Schmerzen nicht medizinisch behandeln kann, dienen psychologische Schmerztherapien dazu, einen besseren Umgang mit dem Schmerz zu erlernen. Zudem spielen psychische Komponenten bezüglich der Schmerzempfindung eine große Rolle (s. o.).
Beispiele für Therapieverfahren bei Schmerzen sind:
- **Kognitiv-verhaltenstherapeutische Ansätze** zur Schmerzkontrolle (verhaltensmedizinische Verfahren): Diese Ansätze bestehen wiederum aus mehreren Komponenten, z. B. **Entspannungstechniken** wie progressive Muskelrelaxation; sie wird eingesetzt, um muskuläre, schmerzverursachende oder -verstärkende Verspannungen zu lösen.
- **Biofeedback**: Dabei werden autonome Funktionen dem Patienten sichtbar gemacht, um eine bessere Interozeption und Steuerung dieser Funktionen zu erreichen (z. B. bei Migränepatienten).
- **Operante Verfahren**: Die Grundidee operanter Verfahren im Sinne des operanten Konditionierens ist es, dass schmerzfreies Verhalten positiv verstärkt und alle mit Schmerzen assoziierten Verhaltensweisen gelöscht werden. Zum Beispiel erfolgt keine schmerzkontingente Medikation oder Aufmerksamkeit (also kein Schmerzmittel, wenn der Schmerz auftritt), damit die Medikamenteneinnahme nicht negativ verstärkt wird. Stattdessen soll der Patient lernen, die schmerzauslösenden Bedingungen zu

erkennen und alternative Verhaltensweisen aufzubauen.
- **Kognitive Verhaltenstherapie**: Neben der bereits skizzierten Verstärkung von nicht schmerzbezogenem Verhalten wird hier besonders an der Bewertung und Interpretation der Schmerzen gearbeitet (z. B. besseres Bewältigungsverhalten trainieren).

Übrigens …
Wird der Schmerz einer anderen Person miterlebt, so werden im Gehirn Netzwerke aktiviert, die dem neuronalen Korrelat der Empathie und NICHT dem des Schmerzgedächtnisses entsprechen.

2.5 Sexualität

Die Psychologie behandelt vor allem den normalen im Vergleich zum problematischen Ablauf der sexuellen Reaktion. Zudem werden im Folgenden sexuelle Abweichungen vorgestellt.

2.5.1 Phasen des sexuellen Reaktionszyklus nach Masters & Johnson

Masters und Johnson haben als Sexualtherapeuten den normalen Ablauf des sexuellen Reaktionszyklus beschrieben. Er besteht aus:
- Erregungsphase,
- Plateauphase,
- Orgasmusphase,
- Rückbildungsphase und
- Refraktärphase.

Im schriftlichen Physikum fanden sich bislang gehäuft Fragen nach körperlichen Reaktionen, die den einzelnen Phasen zugeordnet werden sollen. Daher findest du in Tab. 8, S. 47 eine Übersichtstabelle, die alle in diesem Zusammenhang relevanten Fakten abdeckt.

Übrigens …
Ein Unterschied zwischen weiblichem und männlichem Reaktionszyklus liegt im Fehlen einer absoluten Refraktärphase nach dem Orgasmus bei der Frau.

2.5.2 Sexuelle Funktionsstörungen

Sexuelle Funktionsstörungen werden definiert als **Störung im normalen Ablauf des Reaktionszyklus**. Konkret bedeutet das, dass innerhalb einer der oben aufgeführten Phasen Probleme auftreten. Beispiele dafür sind Erektionsstörungen, Ejakulationsstörungen, Alibidimie (Frigidität, Störung der sexuellen Appetenz), Anorgasmie (kein sexueller Höhepunkt), Vaginismus (Scheidenkrampf), Dyspareunie (Schmerzen beim Verkehr).

2.5.3 Sexuelle Abweichungen

Als sexuelle Abweichungen oder Paraphilien bezeichnet man Störungen der Sexualpräferenzen.

> **Merke!**
>
> Als sexuelle Abweichungen – im Gegensatz zu sexuellen Funktionsstörungen – bezeichnet man sexuelle Vorlieben, die von der „Norm" abweichen.

Der Katalog dieser Abweichungen ist nicht starr, sondern unterliegt einem ständigen Wandel. Während in den siebziger Jahren Homosexualität als Paraphilie galt und sogar unter Strafe stand (§ 175), gibt es heute gleichgeschlechtliche Eheschließungen.

Was die Paraphilien zu psychischen Störungen und nicht einfach zu extravaganten Vorlieben macht, ist, dass Menschen, die von einer Paraphilie betroffen sind, anderen oder sich selbst Leid zufügen. Hierzu können je nach Ausprägung folgende Vorlieben zählen:

2.5.3 Sexuelle Abweichungen

- Exhibitionismus (Lust, sich nackt zu zeigen),
- Voyeurismus (Lust, andere beim Sex zu beobachten),
- Fetischismus (Lust auf bestimmte Objekte),
- Sadismus (Lust, Schmerz zuzufügen).

Phase	allgemein	Frau	Mann
Erregung	Dauer: Minuten bis Stunden, Puls und Blutdruck steigen, Hautrötung (Sexflush)	Brustwarzen, Schamlippen und Klitoris schwellen an, Vagina wird feucht (Lubrikation)	Erektion
Plateau	Puls und Blutdruck steigen weiter, Muskelspannung steigt	Weitung der äußeren Schamlippen, Schwellung des äußeren Drittels der Vagina	Präejakulat
Orgasmus	Höhepunkt der Lust; Blutdruck, Puls- und Atemfrequenz steigen bis zum doppelten der Ruhewerte; Bewusstseinsverlust möglich	5–15 Kontraktionen im äußeren Scheidendrittel (orgastische Manschette) und in der Analregion; multiple Orgasmen möglich	Ejakulation
Rückbildung	Puls, Blutdruck und Atmung nehmen Ruhewerte an; Müdigkeit	Schamlippen, Brustwarzen, Klitoris schwellen ab	Erektion geht zurück; für sexuelle Reize unempfänglich (refraktär)

Tab. 8: Sexuelle Phasen

DAS BRINGT PUNKTE

Zum Thema **Schlaf** solltest du dir besonders die verschiedenen Schlafstadien nach Kleitman inklusive der jeweiligen Charakteristika gut einprägen (s. 2.3.1, S. 43). Gerade die Art der EEG-Wellen in den einzelnen Stadien taucht häufig in den Fragen auf (z. B. Stadium 4 = Tiefschlaf mit über 50 % Delta-Wellen).

Vom **Schmerzkapitel** tauchen Fragen zur richtigen Zuordnung der Schmerzkomponenten häufiger auf. Zur Erinnerung hier nochmal die Komponenten und worauf sie sich jeweils beziehen:

– Die **sensorische Komponente**: Hier geht es um die Intensität und die Einwirkungsdauer, also sozusagen um die objektivierbaren Eigenschaften des Schmerzes.
– Die **vegetative Komponente**: Sie umfasst die vegetativen/autonomen Reaktionen.
– Die **affektive Komponente**: Hierunter fällt das emotionale Schmerzerleben.
– Die **kognitive Komponente**: Hier geht es um die Bewertung des Schmerzes.
– Die **motorische Komponente**: Sie umfasst die beobachtbaren Reaktionen.

Pause

Geschafft! Hier noch ein kleiner Cartoon als Belohnung ... Dann kann gekreuzt werden ...

Mehr Cartoons unter www.medi-learn.de/cartoons

Index

A
abhängige Variable 16, 28
absolutes Risiko 21
Absolutskala/Rationalskala/Verhältnisskala 5
Actor-Observer-Ansatz 27
Actor-Observer-Bias 27
Adjektivlisten 6
Aggregatdaten 24, 28
Akteur-Beobachter-Verzerrung 27
Aktivation 37, 41
allgemeines Adaptationsmodell 41
allgemeines Adaptationssyndrom 35
– Alarmphase 35
– Erschöpfungsphase 35
– Widerstandsphase 35
Allostatic Load Index 37
Alpha-Blockade 38
Alternativhypothese 2
Analogskala 6
Änderungssensitivität 13
attributionales Risiko 21
Ausbalancieren 21
Autosuggestion 22

B
Beobachterfehler 28
Beobachtung 25
– systematische (vs. unsystematische) Beobachtung 25
– teilnehmende (vs. nicht teilnehmende) Beobachtung 25
Bereitschaftspotenzial 39
Beurteilung 26
– Fremdbeurteilung 26
– Selbstbeurteilung 26
Beurteilungsfehler 26

C
CNV (= Contingent Negative Variation) 39
Cold-Pressure-Test 45
Coping 35
– emotionales Coping 36
– kognitives Coping 35
– problemorientiertes Coping 35
Coping-Modell 35
Critical Life Events 36

D
Datenauswertung 29
Deskription 29
deskriptive Statistik 29
dichotome Frage 24
Doppelblindstudien 22

E
EEG-Desynchronisation 38
elektrodermale Aktivität 38, 41
Elektroenzephalogramm (EEG) 38
ereigniskorrelierte Potenziale (evozierte Potenziale) 38
Erwartungswelle 39
evozierte Potenziale 39
Exhibitionismus 47
Experiment 16
externe Validität 17

F
Fall-Kontroll-Studie 20
Fetischismus 47
Follow-Up-Untersuchungen 20
FPI (Freiburger Persönlichkeitsinventar) 26
fundamentaler Attributionsfehler 27

G
Gauß-Glockenkurve 8
geschlossene Fragen 24

H
Habituation 40
Haloeffekt = Hofeffekt 26
Häufigkeiten 29
Hautleitfähigkeit 38, 41
Hautleitpotenzial 38
Hautwiderstand 38, 39, 41
Hawthorne-Effekt 22, 28
Heterosuggestion 22
Hypothese 1
– deterministische Hypothese 2
– probabilistischen Hypothese 2

Index

I
ICF 14
Index 24
Individualdaten 24, 28
individualspezifische Reaktion 35
Inferenzstatistik 29, 31
Intelligenztest 25
– HAWIE/K (= Hamburg-Wechsler-Intelligenztest für Erwachsene/Kinder) 25
– IST (= Intelligenz-Struktur-Test) 25
interne Validität 17
Interozeption 44
Intervallskala 5
Intervallskalenniveau 7
Interview 24
– standardisierte Interviews 24
– teilstandardisierte Interviews 24
– unstandardisierte Interviews 24
Interview-Leitfaden 24
Items 8

K
Katalogfrage 25
kategoriale Variablen 4
K-Komplexe 43
Klassifikationssysteme 14
kognitive Stresstheorie 36
kognitiv-verhaltenstherapeutische Ansätze zur Schmerzkontrolle 45
Kohorte 19
Konfidenzintervall 11
Konfundierung 19, 22
Konstanthaltung 18
Kontrasteffekt 26
Kontrollgruppe 16, 22
konvergente Validität 11
Korrelation 29
– negative Korrelation 33
– Nullkorrelation 30, 33
– positive Korrelation 33
Korrelationskoeffizient 29

L
Längsschnittbeobachtung 20
Längsschnitt- und Querschnittstudie 18
latentes Konstrukt 3
Leistungstests 25

Life-Event-Forschung 36
Life-Event-Skalen 36
Likert-Skala 6

M
Mediatorvariable 17
Messen 3
Mittelwert 9, 29
Moderatorvariable 17

N
Narkolepsie 44
negativer Prädiktionswert 14
NNT (= number needed to threat) 21
Nominalskala 4
Nominalskalenniveau 7
Normalverteilung 9
Normen 8
Normierung 8
Nozizeption 44
Nullhypothese 31

O
Objektivität 10, 12, 15
Odds-Ratio 21
offene Fragen 24
Ökologische Studie 18
Ökonomie 12
Operationalisierung 3
Ordinalskala 4
Ordinalskalenniveau 7
Orientierungsreaktion 39, 41

P
paradoxer Schlaf 43
Parallelisierung 18
Persönlichkeitstest 25
– objektiver Persönlichkeitstest 26
– projektive Tests 26
physiologische Stressmodelle 34
Placeboeffekt 22
Prädiktionswert 14
– negativer 14
– positiver 14
Primärdaten 24, 28
primäre Bewertung 36
Projektion 26

Propriozeption 44
prospektive Kohortenstudie 19
Prozentrang 9
Prozentrangnorm 9
psychologische Stressmodelle 35
psychophysiologische Stressmodelle 36
psychosoziale Stressoren 36

Q
Quasi-Experiment 17

R
Randomisierung 18, 23
Rationalskala/Verhältnisskala/Absolutskala 5
Rationalskalenniveau 7
Reaktivität 22
Reihenfolgeeffekt 21
relatives Risiko 21
Reliabilität 10, 12
– innere Konsistenz 11
– interne Konsistenz 11
– Paralleltest-Reliabilität 11
– Retest-Reliabilität 11
– Split-Half-Reliabilität 11
REM-Schlaf 43
Repräsentativität 23
retrospektive Kohortenstudie 20
Risikoberechnung 20
Rorschach-Test 26
Rosenthal-Effekt 22, 28

S
Sadismus 47
Sägezahnwellen 43
Scheinkorrelation 29
Schlaf 43
Schlafapnoesyndrom 44
Schlafentzug 43
– selektiver Schlafentzug 43
– totaler Schlafentzug 43
Schlafspindeln 43
Schlafstadien 48
Schlafstörungen 44
Schlaf-Wach-Rhythmus 40
Schlafzyklus 43
Schmerz 44
Schmerzempfindlichkeit 45

Schmerzempfindung 45
Schmerzkomponenten 44, 48
Schmerztherapie 45
Schwierigkeitsindex 8
Sekundärdaten 24, 28
sekundäre Bewertung 36
Selektionseffekte 18
Sensitivierung 40
Sensitivität 14
sexuelle Abweichungen 46
sexuelle Funktionsstörungen 46
sexueller Reaktionszyklus 46
Signifikanz 29
Signifikanzprüfung 31
Skalenniveau 7
Spezifität 14
Spontan-EEG 38
Standardabweichung 9, 29
Standardisierung 10, 24
Standardmessfehler 11
Stichprobe 23
– geschichtete Zufallsauswahl (= Strata-Stichprobe) 23
– Klumpenstichprobe 23
– Quotastichprobe 23
– Zufallsstichprobe 23
Stichprobenfehler 23
Störvariable 22
Strenge- und Mildeeffekt 26
Stress 34
Stressoren 34
Streuung 29
subjektive Algesimetrie 45

T
TAT = thematischer Auffassungstest 26
Testgütekriterien 10
Testkonstruktion 8
Testverfahren 25
Tiefschlaf 43
Trennschärfe 8

U
Überstrahlungseffekt 26
unabhängige Variable 16, 28

Index

V
Validität 11
– Augenscheinvalidität 12
– differenzielle Validität 11
– externe Validität 17, 23
– ökologische Validität 16
– prädiktive Validität 12
Varianz 29
– gemeinsame Varianz 30
Variierbarkeit 17
Verhältnisskala/Absolutskala/Rationalskala 5
Versuchsleiterfehler 22, 28
Versuchspersonenfehler 22, 28
Vertrauensintervall 11
visuelle Analogskala 6
Viszerozeption 44
Voyeurismus 47

W
Wiederholbarkeit 17
Willkürlichkeit 17

Y
Yerkes-Dodson-Regel 37